KB059762

대학

진보의 동아시아적 의미

대학

진보의 동아시적 의미

김기현 지음

사ㅁㅁ계절

근대 이후 세상은 넓고 밝아졌지만, 삶의 질이나 깊이에 대한 이해는 오히려 모호해지기만 했다. 현재 우리의 삶과 문화가 과거와 지나치게 단절된 것도 그 원인 중의 하나라고 생각한다. 특히 수천 년에 걸쳐 이루어진 정신적 자산을 잃어가는 것이 아쉽기만 하다. 물론 고전이 그 자산의 중요한 부분임을 의심할 수 없으며, 오랜 세월 동안 진지한 사색의 중심에 놓여 있었던 만큼, 고전은 과거를 들여다볼 수 있는 유리한 창(窓)이 되리라 믿는다.

돌이켜보면 고전을 지나치게 폄하했던 태도만큼이나 고전을 숭배했던 태도도 오히려 단절의 골을 깊게 해 온 측면이 있다. 그래서 우리는 진리의 이름으로 고전을 신비화하는 관점을 지양하고, 현대의 독자들이 과거와 직접 대면할 수 있는 길을 찾아보기로 하였다. 즉 각 시대마다 고전에 대한 이해가 어떻게 달랐으며, 그 차이가 비롯된 사회·역사적 배경과 문화적 차이를 가능한 한 친절하게 해설하고자 하였다.

사실 이러한 노력은 서양이나 중국, 일본에서는 이미 오래전부터 시도되었지만, 불행히도 한국에서는 그러한 시도가 다소 늦었고, 충분한 결실을 맺은 적이 없었다. **오늘고전을읽는다** 시리즈가 근대와 자기 자신을 돌이켜보고자 하는 사람들에게 도움이 될 수 있기를 기대해 본다.

편집위원_ 신규탁·심경호·이성규·이승환·최진석

머 리 말

많은 분량을 한 권에 담을 수 있는 현대적 제본 기술의 영향인지, 국내외를 막론하고 『대학』이 『중용』과 함께 한 권의 책으로 묶여 출판되는 일이 흔하게 일어나고 있다. 『대학』과 『중용』은 『논어』·『맹자』와 함께 사서삼경의 사서(四書)를 이룬다. 그리고 전통 학계에서 사서를 공부하는 순서는 『대학』→『논어』→『맹자』→『중용』으로 사실상 정해져 있었다. 그런데도 『대학』과 『중용』을 한데 묶어 놓는 것은 이를테면 신입생을 위한 교재와 졸업생을 위한 교재를 같이 묶어 제본하는 격이라 할 수 있다. 또 어떤 경우에는 『대학』과 『맹자』를 한 권으로 묶고, 『중용』과 『논어』를 한 권으로 내기도 한다. 아마도 사서 각 서적의 분량을 고려하여 적절히 안배하다 보니 그렇게 된 것이리라.

하지만 유교 경전을 제대로 이해하기 위해서는 반드시 『대학』을 먼저 펼치는 것이 효율적이고 시행착오를 줄이는 독서 요령이라 할 것이다. 그리고 『중용』은 『논어』와 『맹자』 뒤에 읽는 것이 적절하다. 주자(朱子, 1130~1200)는 이렇게 말했다. "나는 사람들이 먼저 『대학』을 읽어 규모를 정하고, 다음으로 『논어』를 읽어 근본을 세우고, 다음으로 『맹자』를 읽어 발전을 보고, 다음으로 『중

용』을 읽어 옛 성인들이 깨달았던 것을 구하는 것이 좋다고 생각한다〔某要人先讀
『大學』以定規模, 次讀『論語』以立其根本, 次讀『孟子』以觀其發越, 次讀『中庸』以求古人微
妙處〕."

　　『대학』은 유교 경전의 입문서이자 유학의 개론서인 셈인데, 마침 원문의
분량이 매우 적어 필요한 기초 지식을 덧붙이기에 유리한 면이 있다. 한 가지 미
리 밝혀두고자 하는 것은, 유교 경전은 고정되어 있지 않으며, 현대인이 나름대
로 해석할 수 있는 여지도 열려 있다는 점이다. 그리고 알고 보면 유교 경전 내
용은 그리 고리타분한 이야기들로만 이루어져 있는 것은 아니다. 이런 점을 고
려하여 이 책에는 유교 경전의 이해를 위한 기초적인 지식을 언급한 부분 및 현
실상의 여러 가지 사안들과 연결시킨 부분이 적지 않다. 이것은 필자가 일부러
노력한 점이기도 하다.

　　귀중한 기회를 주신 편집위원 제위께 감사드리며, 참으로 오래 기다려 주
신 사계절출판사의 강맑실 사장과 류형식 팀장께 미안함과 고마움을 표한다.

2002년 겨울

김기현 씀

일 러 두 기

「대학」이라는 글은 본래 『예기』의 한 편이었다. 이 판본을 '고본대학'이라 부른다. 송대 이후로 개정본이 많이 나왔지만, 그 가운데 사실상 표준본이라 불러도 될 만큼 동아시아의 전통 학계에서 일반화된 개정본은 주자의 『대학장구(大學章句)』다. 『대학장구』는 경1장과 전10장으로 구성되어 있다. 이 책에서 원문을 인용할 때, 출전은 경문(經文)의 경우와 전문(傳文)의 경우를 각각 다음과 같이 표기하였다.

경-1절 _ 경문의 1절을 가리킨다.
2-3 _ 전문 가운데 2장 3절을 가리킨다.

차 례

소학과 대학

1. 소학과 대학

큰 문을 들어서니 양복을 입은 어떤 분이 높은 곳에서 참외 하나의 3분의 1 부분을 잘라낸 모양의 마이크에 대고 무슨 내용인가를 큰 소리로 계속 방송하고 있었다. 무척 커다란 운동장이 온통 사람들로 가득 차 있었다. 자세히 보니 내 또래의 아이들이 모두 어른의 손을 잡은 채 이리저리 따라다니고 있었다. 나 역시 친척 어른의 손에 끌려 이리저리 다니다가 집으로 돌아왔던 것으로 기억된다. 훗날 생각해 보니 그날은 초등학교 입학을 위한 예비소집 날이었고, 조회대에서 찌렁찌렁 울리게 안내 방송을 하시던 그분은 그 초등학교의 교감 선생님이었다. 정규 교육과정에서의 나의 학(學)은 그렇게 시작되었다.

필자가 『대학(大學)』을 처음 대한 것은 고등학교 때였다. 산다는 것의 의미나 어떻게 살아야 하는지의 문제 등과 같은 근본적인 문제들만 자꾸 떠오르던 어느 날, 한문으로 된 고전을 공부해 보겠다는 생각이 들어 손에 잡은 첫 책이 『대학·중용』이라는 제목의 책이었다. 왜 『대학』부터 시작하려 했는지는 기억이 나지 않으나, 아마도 사서삼경을 공부하려면 『대학』부터 읽어야 한다는 구절을 어디서 보았던 듯하다. 번역문과 주해를 참조해 가면서 원문을 독해해 가는 방식을 취했는데, 한국말로 읽어도 무슨 의미인지 알 듯 말 듯 한 말들이 이어졌다. 그나마 몇 줄 지나니 곧이어 "강고(康誥)에 왈(曰)" 하는 구절이 나왔다. '강고'는 또 뭔가? 문구풀이란에 '강고'에 관한 간략한 언급이 있었으나, 그 말도 잘 이해가 되지 않았다. 이내 이런 회의가 들었다. '이런 식으로 무슨 뜻인지, 무슨 맥락인지도 모르면서 읽는다면 무슨 소용이 있을까.' 거기서 책을 덮었던 것까지가 기억에 남아 있다.

그 다음으로 『대학』을 접하게 된 것은 대학에 입학하여 2학년에 이르렀을 때였다. 동양 철학의 초보 교과과정으로 '대학 · 중용 강독' 강의가 있었다. '강독'이라는 제한 때문이었는지 모르겠으나, 강의 내용은 사실상 거의 한문 강독에 그쳤다.

이제 강단에 서서 한문 문장의 독해와 고전의 이해는 사실 별개의 작업이라고 강조하는 필자는 원문 독해와 내용 이해, 이 두 가지가 모두 필수적인 공부이기는 하나 더욱 중요한 것은 '이해'라고 생각하고 있다. 특히 전공으로 공부하는 학인들이 아닌 바에는 원전을 어설프게 이해하기보다는 그 고전의 배경과 내용을 근거 있게 파악하는 쪽이 훨씬 나은 공부법이라 생각한다.

유가(儒家)의 핵심 경전 가운데 하나로 손꼽히는 『대학』은 동아시아 문명이 낳은 여러 고전 가운데 하나다. 각 문명의 고전들에는 그 책이 고전으로 읽혀져 온 배경과 내력이 있다. 만일 이것을 읽어 내지 못한다면, 그 책은 하나의 '좋은 말씀들'을 담은 기록물에 그치고 말 수밖에 없다. 그렇게 읽혀진 고전이라면 우리의 삶과 현실에 살아 있는 의미를 주지 못하는 '남들의 고전'과 다를 바 없다.

필자가 처음 『대학』을 접했을 때, 마음의 여유를 가지고 『대학』이라는 경전이 딛고 있는 배경과 내력을 차근히 이해했더라면, 그리하여 『대학』의 의미 세계를 나와의 진실된 대화로 만들었더라면, 그처럼 오랫동안 『대학』과 거리를 두지는 않았을 것이다.

이 책의 『대학』 읽기

우리나라에서는 유교의 경전 하면 사서삼경을 떠올린다. 중국인들은 '사서삼경'이라 말하면 못 알아듣고 '사서오경'이라 말해야 알아듣는다. 본래 중국에서는 오경(五經)이었던 것이 우리나라에서는 삼경(三經)으로 줄어든 것이다. 그럼에도 사서(四書)에 대해서는 이견이 없다. 사서란 『대학』·『논어』·『맹자』·『중용』 네 가지 경전을 가리킨다.

이가원(李家源)이 서문을 쓴 『대학·중용』의 서문에는 어느 원로 대학자가 강조하여 말한, "동방의 인류로서 적어도 사서를 읽지 않고는 얘기할 수 없을 거요"(이가원, 서문)라는 말이 인용되어 있다. 전통 학계에서 이것은 어느 한두 학자의 식견이 아니라, 대부분의 조선 선비들이 갖고 있던 신념이었다. 그리고 그들의 세계에서 『대학』은 가장 체계적으로 유학의 기본 취지 및 실천 강령을 밝힌 경전이자, 빼어난 유교 입문서로 평가되어 왔다.

이 책에서 우리는 『대학』이 갖는 바로 이 입문서로서의 성격을 최대한 살려 읽으려 한다. 아울러 우리의 『대학』 읽기는 한자(漢字) 문화권이라 불리기도 하는 동아시아 문명과 연관 지어 조명하는 시각에도 비중을 두고자 한다. 이 책에서 논의되는 주요 관념들과 논제를 각 장별로 소개하면 다음과 같다.

1장에서는 전통적 가치관을 담고 있는 유교 경전이 현대에 들어와 소홀히 여겨지다가 현대화의 전개 과정에서 그 중요성을 인정받으면서 갈수록 주목받고 있다는 점을 중국 대륙의 사례를 들어 이해한 뒤, 전통 사회에서의 소학 개념과 대학 개념을 살펴본다.

2장에서는 유교 경전이 갖는 성격 및 저술의 동기를 알아보고, 본래 『예기』라는 경전의 한 편이던 「대학」이 경전으로 추대되는 과정 및 그 배경, 주자의 격물보전이 갖는 의의 및 주자의 개정본 출현 이후의 『대학』 연구사가 보이는 특색을 살펴본다.

3장에서는 구체적인 사례를 들어 인간 마음의 이중성에 비추어 『대학』의 3강령 중 첫 번째인 명명덕(明明德)을 이해하고, 자·효·우·제 등의 가족 감정을 중시하는 관념과 연결하여 유교의 정체성(identity)을 확인하며, 대학의 의리 사상을 떠받치고 있는 주요 관념으로서 혈구지도의 황금률을 고찰해 본다.

4장에서는 3강령 중 본래 친민(親民)으로 되어 있던 것을 정이천과 주자가 신민(新民)으로 고쳐 읽은 이래 논란이 되어 온 친민설과 신민설의 철학적 배경 차이를 살펴보면서, 이중 어느 해석을 취하든 동아시아 문명의 전통 철학은 서양의 전통 철학인 필로소피와는 근본적으로 다른 특성을 갖는다는 것을 짚어 본다.

5장에서는 『대학』 8조목의 일부인 격물·치지·성의·정심을 이해해 가는 가운데 이 네 가지를 주요 내용으로 하는 수신(修身)이 전통 사회에서는 지식인의 공직 참여를 위해 필수적 기초가 되었음을 이해하고, 성의(誠意)에 대한 다산의 평이하면서도 설득력 있는 해석을 살펴본다. 그리고 『대학』과 송대 이래 군주의 학문과의 관계를 제왕학의 관점에서 조명해 본다.

6장에서는 『대학』이 최고의 경지로 추구하는 지선(至善)의 경지를 살펴보고, 이것이 최종적으로는 개인의 수양 경지가 아니라 평천하의 이상 사회 건설을 지향한다는 점을 확인해 본다.

7장에서는 필자의 새로운 견해로서, 서양 문명이 축으로 삼고 있는 것 중의 하나인 진보 개념에 대하여 동아시아 문명에도 진보 개념이 있었다는 것과, 단지 방향에서 서양이 물질적이고 확장적 진보를 추구한 반면 동아시아에서는 인간의 내면 세계에서의 진보가 중요시되었다는 점을 논의해 본다.

8장에서는 『대학』이 조선 사회에서 어떻게 활용되었는지를 조선의 싱크탱크라 할 수 있는 사림과 선비들이 두 진영으로 나뉘어 경합하는 가운데 '대학'의 이념이 구현된 내용을 살펴보기로 한다.

『대학』을 비롯한 유교 경전에는 동아시아인들이 터득해 온 삶의 지혜가 농축되어 있고 역사적 경험이 반영되어 있다. 특히 동아시아 역사에서 오랫동안 집권 세력의 세계관이자, 지식인층의 학술 사상으로 군림해 온 유가 철학은 각 시대별로 그 시대의 현실 상황을 배경으로 특색 있게 전개되었다. 경전 연구를 위주로 하던 한대(漢代)의 경학풍 유학이 그렇고, 송·명의 이학(理學)이 그러하며, 흔히 고증학으로 불리는 청대(淸代)의 유학이 그렇다. 그리고 유가 철학의 경향과 주요 내용이 시대 여건에 따라 변해 가는 가운데 유교 경전들에 대한 이해와 해석도 달라져 왔다. 우리가 사서삼경이니 사서오경이니 부르는 명칭은 모두 동아시아의 역사적 변동 과정에서 일정한 기간에 우리나라와 중국에서 각각 형성된 경전군(經典群)을 가리키는 것이다.

시대 여건이 바뀌면 유학도 시대 변화에 부응하여 재정립되어야 한다는 원리는 현대(modern)의 상황에서도 여전히 유효하며, 유교의 고전들이 새롭게 이해되고 해석되어야 하는 과제 역시 피해 갈 방도가 없다. 그런데 현대의 중국인들은 근대화(modernization, 현대화)를 추진하는 과정에서 '한때', 또는 '오랫동안' 이 구닥다리 유교 경전들을 등졌다. "유교를 타도하라〔打倒孔家店〕"를 구호로 내걸었던 1919년의 5·4 운동은 중국을 근대화하기 위해서는 전통적 가치관을 담고 있는 한문 서적을 모두 버리고 사회의 모든 것을 서구화하자〔全盤西化〕는 취지의 문화 운동이었다.

중국 사회에서 공자는 유교를 대표하고, 유교는 전통 사상을 대표한다. 5·4 운동 이후로 자유 진영의 사람들은 사실상 얼마 지나지 않아 전통 사상을 긍정하는 태도를 취하는 쪽이 우세해 갔으나, 공산 진영은 문화대혁명(1966~1976) 때까지 대체로 전통적 가치관을 부정하는 입장을 견지해 왔다.

그러나 오랫동안 전통의 고전들을 부정하거나 배척해 온 공산 진영마저 1980년대 이후로는 그 정신문화적 가치를 긍정함으로써 현재의 중국 민족은 자유 진영과 공산 진영 모두 유교 경전을 긍정하는 쪽으로 돌아선 셈이다.

중국 사회의 이러한 현상을 반기는 사람들이라면 "송충이는 역시 솔잎을 먹게 되어 있어!"라고 말할지도 모른다. 그러나 중국은 일본이나 우리나라의 경우와는 다르다. 중국인들은 20세기 들어 많은 고통과 희생을 치르며 시행착오를 겪었다. 20세기 중국의 시행착오는 앞으로 중국 역사의 초석이 될 것이며, 장차 동아시아 문명의 진로에 적잖이 영향을 미칠 것으로 보인다. 우리는 『대학』의 세계를 이처럼 변천해 가는 시대의 지평과 연결지어 조명해 봄으로써, 유교의 경전을 넓은 광장으로 끌어낸 하나의 선례로 삼고자 한다.

중국 혁명의 종착역

이른바 '중국 혁명'으로 불리는 중국의 현대화 여정에서 지혜의 민족인 중국인들로 하여금 결국 유교 경전의 세계로 회귀하게 만든 것은 무엇일까?

중국은 큰 나라다. 우리나라 사람들은 서울에서 부산까지 고속버스로 다섯 시간 달리고 나서 장거리 여행을 한 것으로 여긴다. 만약 그 고속버스로 중국 대륙을 종단한다면, 밤낮으로 며칠은 달려야 할 것이다. 인구는 오죽 많은가. 공산 진영인 중국 대륙이 현재 13억 인구로 말해지고 있고, 자유 진영인 대만(Taiwan)은 인구 2천만의 섬이다.

손문(孫文, 1866~1925)은 중국 대륙과 대만이 다 같이 근대의 위대한 지도자로 추앙하는 인물이다. 그런데 손문보다는 덜 유명하지만, 그 시대에 손문 못지않게 중요한 인물이 또 한 사람 있었다.

강유위(康有爲, 1858~1927)가 그 사람이다. 이 두 사람은 중국의 근대화 과정에서 각각 하나의 노선을 대표한다.

중국의 근대화는 1840년에 일어난 아편전쟁이 계기가 되어 이루어지기 시작한다. 서양 상인들이 중국 내에서 영리 사업을 하는 것을 놓고 분쟁이 일어나 결국 서양 함대와 중국 함대가 해전을 벌인 것이 아편전쟁이고, 이 전쟁에서 크게 패한 중국이 이후 끝없이 서양 세력에 밀리게 되었던 것이다. 중국의 위기가 구체적 현실로 드러나기 시작한 것이다.

서구의 근대화 물결이 밀려오는 상황에서 중국은 우리나라나 일본의 역사와는 다르게 일찍부터 곧바로 혁명을 추진하는 세력이 등장하게 된다. 이후 전개된 근대의 소용돌이 속에서 중국의 현대사는 혁명 노선을 택한다. 자유 진영이 되었든, 공산 진영이 되었든 결과적으로 중국의 오늘은 이 혁명의 연장선상에 위치한다.

손문은 아편전쟁 이후의 위기 상황에서 혁명의 길을 개척한 노선을 대표하고, 강유위는 제도권 안에서의 개혁 노선을 추구하던 진영을 대표한다. 변혁의 힘이 나오는 방향으로 말한다면, 서구로부터 밀려온 근대화의 물결을 맞이하여 손문의 노선은 '아래로부터의' 변혁을 추구한 쪽이고, 강유위의 노선은 '위로부터의' 변혁을 시도한 쪽이라 할 수 있다.

정통 한족(漢族) 정부가 아니라 만주족 정권인 청 왕조는 1911년에 문을 닫는다. 왜 우리나라나 일본과 다르게, 중국의 근대에서는 일찍부터 현 체제의 전복을 통해 진로를 찾아가려는 혁명 개념이 쉽게 등장하였는가에 대한 이유를 필자는 청조가 정통 한족이 아니라 변방 민족인 만주족이기 때문이었을 것이라고 본다. 말하자면, 언젠가는 청산해야 할 왕조인 것이다. 청 왕조가 전복된 이 사건을 중국인들은 '신해혁명'이라 부른다. 제도권 안에서 위로부터의 개혁을 추구한 노선은 신해혁명을 계기로 종말을 고한 것으로 보면 될 것이다.

우리나라의 현대 정부는 1948년부터 시작된다. 이에 비해 중국의 현대 정부는 1912년부터 시작된다. 신해혁명으로 구체제를 전복하고 이어 명실공히 현대적인 정부를 출범시킨 것이다.

현재 우리의 남과 북이 분단되어 있는 것과 마찬가지로 중국도 우리나라에서 비극의 전쟁이 일어나기 1년 전인 1949년에 분단되었다. 장개석(蔣介石)이 이끄는 국민당 정부와 모택동(毛澤東)이 이끄는 공산당이 내전까지 벌이다 국민당 정부가 대만으로 패퇴함으로써 그 후 30년 넘게 서로 만나지 못하는 이산 가족이 생겨났다. 우리나라가 대한민국과 조선민주주의인민공화국으로 대립해 오고 있듯이, 중국도 대륙의 중화인민공화국과 대만의 중화민국으로 대립해 오고 있다. 그런데 국민당과 공산당이 모두 손문의 혁명 노선을 계승하고 있는 것으로 자처해 온 점은 우리로서는 쉽게 이해가 되지 않는 부분이다.

공산 진영이 혁명 노선임은 누구나 쉽게 인정할 수 있으나, 자유 진영의 국민당이 혁명 노선으로 말해지는 것에는 언뜻 동의하기 어려울 수 있다. 그러나 국민당이 곧 신해혁명으로 청 왕조를 무너뜨리고 1912년에 현대 정부를 출범시킨 주체 세력이고, 이렇게 출범한 민국 정부(중화민국)가 초기에 이른바 '부르조아 혁명'이라고 불리는 혁명을 추진하였다는 점에서 '혁명' 노선임이 충분히 인정되는 것 같다. 이렇게 해서 신해혁명 이후 중국의 현대사는 혁명의 역사가 된 것이다.

중국 현대사에서 공산주의 운동가들이 활동을 시작한 것은 1920년을 전후한 시점이다. 이후 수십 년 간의 역사에서 국민당이 추진한 혁명 노선과 공산당이 추진한 혁명 노선은 중국 전통의 정신문화를 어떻게 보느냐에 있어 커다란 차이를 보여 주었다. 자유민주주의를 추구하는 국민당이 원칙적으로 전통문화의 계승·발전을 추구해 왔다면, 사회주의를 추구하는 공산당은 이러저러한 시행착오를 거듭해 왔다.

그 시행착오가 20세기 말엽을 거치면서 확고한 방향을 잡은 것으로 보인다. 최근의 중국 대륙이 보이고 있는 추이를 우리가 주의 깊게 바라보지 않으면 안 되는 까닭이 여기에 있다. 중국 대륙이 현재 달리고 있는 노선을 중국 사람들은 '중국식 사회주의'라고 부른다.

중국 어린이들의 사서 암송

현재의 중국식 사회주의 건설 노선은 등소평으로부터 추진되었다. 등소평의 후계자로 지명받아 13억 중국인을 이끌어 가고 있는 강택민(江澤民)은 1991년 '중국공산당 창립 70주년 기념식'에서 행한 연설에서 이런 말을 하였다.

중국 특색 사회주의 문화의 건설은······반드시 민족의 우수한 문화 전통을 계승·발전시키고, 사회주의의 시대정신을 충분히 구현하여 본국의 문화를 일으키고, 또한 세계 문화의 우수한 성과를 흡수하자.

우리나라의 반공 교육에 입각해 말한다면, 강택민은 골수 공산주의자다. 그런 그가 전통 유학에 대해 이런 태도를 공언했다는 것은 세계에서 유형·무형의 유교 전통이 가장 고스란히 남아 있는 우리나라로서는 사실 긴장해야 할 대목이다. 희망과 좌절의 파노라마를 연출한 한 세기의 중국 혁명이 고단한 여정을 마치고 돌아와 귀착한 길이 결국 '전통적 가치관의 비판적 계승에 의한 현대화의 길'이라는 결론은 한국의 현대화가 중국에 뒤질 수 있다는 우려를 낳을 수 있어 긴장이 된다는 것이다. 그리고 무엇보다도 13억의 중국인이 이미 이 노선을 한창 달리고 있다는 사실은 우리를 긴장시키기에 충분하다.

2001년 초에 열린 어느 회의에서 강택민 주석은 당 간부들에게 『대학』·『중용』 등의 유가 경전을 읽을 것을 권유했다고 한다. 그런가 하면 북경의 약 25개 초등학교에서 사서오경 강좌를 개설했다는 보도도 있다.[1] 1999년 북경에서 개최된 '공자 탄신 2550주년 기념 국제학술대회'에서는 고전 암송반 어린이들이 무대에 나와서는 사서와 고시(古詩)를 줄줄 외워 세계에서 온 초청자들을 깜짝 놀라게 하였다. 참석자의 전언에 따르면, 어린이들의 암송이 계속되는 동안 내내 감탄사를 연발했다고 한다. 중국어는 소리가 오르내리는 억양이 뚜렷해서 톤을 좀 높여 천천히 읽으면 매우 듣기가 좋다. 게

다가 어린이가 읽으면 참말로 앙증맞다.

비판가들은 이런 의견을 내놓는다. 이런 행사들은 집단적 연극이고 강 주석의 발언을 대외에 보여 주기 위한 쇼로 의심된다는 것이다. 또 어린이들이 어떻게 사서오경의 심오한 의미를 이해할 수 있겠느냐는 점을 강조하기도 한다. 물론 암송하는 어린이들이 사서오경의 의미를 제대로 이해하고 있으리라 기대하기는 어렵다.

하지만 현재 중국 대륙 사회의 움직임으로 볼 때, 이런 흐름과 중국식 사회주의의 진로를 별개로 보는 것은 설득력이 떨어진다. 비록 경전 내용을 깊이 이해하지 못하는 상태에서 암송을 하고 독송을 한다 하더라도, 경전을 접하는 신세대의 숫자가 갈수록 늘어난다는 사실은 그 자체만으로도 사회주의 중국을 바라보는 한국인이나 일본인에게 하나의 충격일 수 있다.

소학 개념

현재 우리가 취하고 있는 학제는 초등학교 6년, 중학교 3년, 고등학교 3년이다. 6-3-3의 이 학제가 본래부터 이렇게 해야만 하는 것으로 규정되어 있었던 것은 아니다. 6·25 전후에 학교를 다닌 세대에게는 고등학교가 없었다. 지금의 중·고등학교 과정을 통합한 격인 6년 과정을 그 세대들은 중학교라 부르며 다녔다. 한편 우리가 그동안 '국민학교'라 부르다가 '초등학교'로 바로잡은 교육과정을 중국과 일본에서는 여전히 소학교라 부른다. 이 '소학'이라는 개념은 동아시아의 전통 학제에서 유래한다. 동아시아의 전통 사회에서는 학

(學)을 소학과 대학으로 양분하여 교육을 시켰다.

　인류가 아닌 다른 동물의 세계에도 '학(學)'의 과정이 있다. 다만 다른 동물들과 달리, 인류는 다음 세대에게 지식을 전수하며 살아간다. 동물들은 기껏해야 생존을 위한 능력을 후세대에게 전수하는 데 그친다. 초원의 맹수가 초식 동물을 사냥할 때, 노련한 녀석과 사냥에 나선 지 얼마 안 되는 초보는 먹잇감을 잡느냐 못 잡느냐에서 성공과 실패의 차이를 보인다. 사냥감을 모는 요령과 잡는 요령은 어미에게서 배웠지만, 그 이상의 경험도 선배로부터 배워야 한다. 그러나 이들의 배움과 전수는 생명을 유지하고 후손을 번식하는 범위를 벗어나지 못한다. 반면에 인류는 후세대에게 지식을 전수한다. 전수받는 사람의 입장에서 말하면, 지식의 전수란 새로운 것에 대한 앎이다. '지식', '앎'! 우리는 일생 동안 무엇을 얼마만큼 배워야 하는 것일까.

　놀랍게도 고대 중국 사회에서는 지금으로부터 3천 년 이상의 전 상황인데도 인간이 무엇을 언제부터 어느 정도 배워야 하는지에 관하여 일정한 관념이 형성되어 있었다. 어떤 기록에 따르면, 지배층 사람들 중 일정한 계급 이상인 사람들의 자녀들은 13세가 되면 소학(小學)에 들어가고 20세에는 태학(大學)에 들어간다고 되어 있다. 또 다른 기록에 따르면, 8세에 소학에 들어가고 15세에 태학에 들어간다고 쓰여 있다.

　젊은 세대일수록 한자가 낯설고 어렵게만 느껴지는 것이 현재 우리 사회의 현실이지만, 한자도 문자이니까 자꾸 익히면 어느 정도는 익숙해진다. 위에서 한글로는 태학이라고 쓰고서 괄호 안에는

'大學'이라고 쓰니까 이상하게 여기는 독자도 있을 것이다. '大學'의 음(音)은 대학이다. '큰 대'자, '배울 학'자다. 그러나 '大學'이 고대의 고등교육기관을 가리킬 때는 '대학'으로 안 읽고 '태학'으로 읽는다. 한자는 가끔 이렇게 음을 다르게 읽는 경우가 있다. 한대(漢代)부터는 용어를 정리하여 고등교육기관을 가리킬 때는 '太學(태학)'이라고 표기하기 시작했다.

13세에 소학에 입학한다는 설과 8세설 가운데 우리의 조선조 학계에서는 8세설을 믿었다. 시대와 상황이 근본적으로 다르기 때문에 역사상의 제도를 현대의 제도에 비유하여 말하는 것은 매우 조심할 일이긴 하나, 이해를 위하여 억지로 연결해 말한다면 고대의 교육기관 중 소학은 오늘날의 초등학교와 중학교 정도에 해당한다고 하겠고, 태학은 고등학교와 대학교에 해당한다고 보면 되겠다.

중요한 것은 고대인들이 인간의 배움을 소학과 대학으로 나누었다는 점이다. 학이라는 것, 즉 배움이라는 것은 무엇인가? 학교 교육을 통해서 배우는 것이 되었든, 가정이나 각종 단체의 생활 속에서 배우는 내용이 되었든, 배운다는 것은 모종의 정보를 나의 안에 축적하거나 모종의 역량을 나의 역량으로 갖추는 것이다. 예를 들어 구구단을 외워 낸 것으로 만들거나, 어른에게 물건을 드릴 때는 두 손으로 드리는 예법을 익히는 것 등을 배우는 것이다. 그런데 중국의 고대인들은 일찍부터 그 '배움'의 내용을 두 부류로 나누었던 것이다.

지금 시중에는 『소학』이라는 제목의 책이 있다. 이 책은 주자 (朱子 : 朱熹, 1130~1200)와 그의 벗인 유청지(劉清之)의 공동 저작이다. 유교 경전 중 특히 『대학』은 송대의 위대한 철학자인 주자와 떼려야 뗄 수 없는 관계에 있다. 그런데 『대학』뿐만 아니라 『소학』도 이렇듯, 주자와 깊은 관련이 있다. 갓 쓴 할아버지들 사회에서 흔히 주자의 저술로 말해지는 이 『소학』은 바로 예로부터 전해 오는 소학 개념을 이어받아 송대에 편찬된 교과서다.

또 우리나라에는 19세기에 간행된 『해동소학』이 있다. 해동은 한국을 뜻하므로, 이 소학 책은 고대의 소학 개념을 이어받아 우리나라 학자가 편찬해 낸 교과서가 되겠다.

이처럼 『소학』이나 『해동소학』은 고대 이래의 소학 공부를 지향하는 교과서라 할 수 있다. 소학 공부는 사회 구성원으로서 살아가기 위해 꼭 익혀 두어야 하는 내용이 주가 된다. 예를 들면 청소하는 일, 어른이 부르면 어떻게 대답해야 하는가, 손님이 오면 어떻게 맞이해야 하는가 등을 익히는 것이다. 요컨대, 아득한 옛날인 고대의 하·상·주 시대부터 이미 있었던 것으로 알려져 있는 소학 교육은 미성년의 어린 사람들이 앞으로 사회생활을 하는 데 필요한 기초적인 것들을 익히고 실습하는 과정을 의미했다.

전통 사회에서는 이 소학의 성격을 '쇄소응대(灑掃應對)'라는 말로 의미 짓곤 했다. 쇄는 물 뿌리는 일을, 소는 마당 쓰는 일을, 응과 대는 각각 손님을 맞이하거나 어른이 부를 때 대답하는 것을 뜻한다. 이런 기초 과정을 다 익힌 사람들 중 일부가 단계를 높여 공부하는 것이 바로 대학이다.

고대의 기록에 15세에 시작한다고도 하고 20세에 시작한다고도 하는 대학 교육은 소학 공부와는 근본적으로 개념을 달리한다. 대학 공부는 사회의 지도층이 될 사람들이 익히고 연마해야 하는 것들을 교육 내용으로 하였다. 이 점은 꼭 기억해 두어야 한다. 전통 사회에서 대학 공부는 아무나 하는 것이 아니었다.

　우리가 살펴보고자 하는 『대학』은 바로 이렇게 개념 정리되는 소학과 대학 중 대학 공부를 주요 내용으로 하는 고전이다.

　전통 사회에서 대학 공부를 하는 주체에 관해서는 의견 차이가 약간 있다. 송대의 주자는 대학 공부의 주체를 "천자(天子)의 아들들과 경(卿)·대부(大夫)·사(士)의 맏아들, 그리고 평민 중 우수한 자"로 규정하였다. 주자의 이 규정을 적용한다면, 노비 계층의 자녀들은 물론이고 평민의 자제들 중에서도 성적이 뛰어나지 못하면 대학을 공부할 자격이 주어지기 어렵다.

　송·명대에 기존의 유학 사상을 새롭게 정립한 유학을 흔히 신유학(Neo-Confucianism)이라 부른다. 송대의 신유학은 주자가 정립한 신유학인 주자학(朱子學)이 대표한다. 그러나 명대에 이르러, 주자학에 만족하지 못하면서 다시 한 번 신유학이 정립된다. 이것이 양명학(陽明學)이다. 양명학은 '지행합일(知行合一)'설, '치양지(致良知)'설 등을 주장한 것으로 널리 알려져 있다.

　양명학은 주자학과 비교하면 상당히 개방적이다. 당시로서는 상당히 개방적이었던 이러한 성향 때문에 대학 공부의 주체에 대한 양명학의 입장에 관해서는 다소 논란의 여지가 있다.

태주학파는 왕양명의 학문을 계승한 후학들의 여러 학파 가운데 하나로, 태주학파에서는 문호가 개방되어 평민 출신들도 학문 활동에 참여했다. 이 때문에 양명학에서는 평민도 대학 공부를 할 수 있는 것처럼 말해질 여지가 있다. 그러나 태주학파는 예외라 할 수 있다. 양명학 계열에서도 기본적으로는 사대부 이상의 집안 자제들만이 대학 공부를 할 수 있었다고 보아야 한다.

송대 이후의 사회 현실에서 말하면, 대학 공부의 주체는 공직자 또는 장차 공직자가 될 수 있는 사대부(士大夫) 이상 계층의 자녀들이었다.

조선조 후기의 다산 정약용(茶山 丁若鏞, 1762~1836)은 주자학이나 양명학과는 길을 달리하는 독자적인 또 하나의 신유학을 정립했다. 그동안 다산학(茶山學)에 대한 연구는 많이 이루어졌으나, 앞으로 더 논구되어야 할 논제의 하나가 바로 다산의 신유학이 동아시아의 정신문화에서 갖는 지위와 의의에 대해서이다. 주자학과 양명학의 신유학 체계는 『대학』을 골격으로 한다. 반면에 다산학에서는 『대학』이 그렇게 결정적인 의의를 갖지는 않는다. 다산에게 『대학』은 그저 고전적인 가치를 갖는 여러 글 중 하나에 지나지 않는다.

다산은 대학 공부의 주체에 관해 다음과 같이 정리했다. 첫째, 고대의 태학에서 대학 공부를 하던 학생들은 "천자의 아들들과 제후·경·대부의 맏아들"이었다. 주자가 말했던 사(士) 계층의 맏아들 및 평민의 자제 중 우수한 자를 다산은 포함시키지 않았다. 이것은 과거의 역사적 사실에 대한 견해이고, 다산은 한편으로 당시 조선조 후기의 시대 상황에 대해서는 "재능만 있으면 한미하고 천한 집안 사람일지라도 경상(卿相)의 지위에 뛰어올라 군주를 보좌하고, 만민을 다스릴 수 있다'고 말했다. 다산이 비록 "재능만 있으면 한미하고 천한 집안 사람일지라도"라고 말하고 있지만, 현실상으로는 역시 사대부 집안 이상의 계층에 한정된 이야기이지, 평민 이하 계층을 포함하여 하는 말로 보기는 어렵다.

요컨대 동아시아의 전통 사회에서 대학 공부의 주체는 사대부 이상의 지도층이었다. 대학 공부는 사대부 이상의 자제들이 소학 공부를 마친 다음에 하는 공부일 뿐만 아니라, 공직에 있으면서도 꾸준히 수행해야 하는 공부였다.

사회의 지도층, 또는 공직을 맡을 사람들이 하는 대학 공부에서 '대학'이 무엇을 의미하는지에 관해서도 역대 주요 유학자들의 이해는 조금씩 편차를 보여 왔다. 서양 중세의 대학들과 그 후 독일·미국·일본의 대학 역사를 보면 나라와 시대에 따라 '대학'의 이념에 조금씩 편차가 있었음을 알 수 있듯이, 전통의 한문(漢文) 세계에서도 학자에 따라 시대에 따라 '대학'의 의미가 조금씩 다르게 설정되었던 것이다. 예를 들어 보자.

후한 시대의 정현(鄭玄, 127~200)은 대학을 "넓게 배워 정치를 하는 데 활용하는 바탕"으로 생각하였고, 송대의 주자는 "대인(大人)의 학문"이라 규정하였다. 주자가 말하는 '대인'은 소인(小人)에 반대되는 개념으로, 오늘날로 말하면 성인(成人)이라 옮길 수 있겠다. 명대의 왕양명 역시 대학을 대인의 학문으로 말했으나, 그가 생각하는 대인은 주자와 같은 외적인 기준이 아니라 내적인 수양 공부 및 실천상의 기준에 따른 것이었다. 양명은 "사욕에 의한 가리워짐을 제거한 사람"을 대인으로, 그렇지 못하고 사욕에 끌려 다니는 인격을 소인으로 간주했다. 쉽게 말해서 주자는 영화관 매표소의 대인·소인 개념으로 대인을 말했고, 양명은 도덕 인격을 갖춘 사람을 대인이라고 말했다.

조선조 후기의 다산은 대학을 중국 고대의 고등교육기관인 태학에서 천자와 제후의 후계자들을 가르치던 교육 강령 및 내용으로 규정하면서, 따라서 『大學』도 '대학'으로 읽으면 안 되고 '태학'으로 읽어야 한다고 주장하며 몇 가지 증거를 제시하였다. 천자와 제후를 오늘날의 제도와 연결하여 말한다면, 제후는 각 국가의 대통령이나 총리에 해당하고, 천자는 세계 대통령인 셈이다. 종교 조직으로 말한다면, 가톨릭의 교황을 연상하면 될 것이다.

이상의 것을 참조하면서 정리해 보면, 옛 시대의 한문 세계에서 '大學' 두 글자는 크게 다음 세 가지 용법으로 쓰인 것으로 정리할 수 있다.

첫째, 교육제도 또는 교육기관으로서의 태학이다. 중국 고대의 하·은(상)·주 시대에 이미 최고 학부로서 태학이 있었던 것으로 기록되어 있다. 처음에는 이 고등교육기관을 '大學'으로 쓰고 '태학'으로 읽다가 한대부터 '太學(태학)'으로 표기하기 시작하였다.

둘째, 고전으로서의 대학이다. 우리가 이 책에서 다루는 책이 바로 이 『대학』이다. '대학'이라는 제목의 글이 하나의 독립된 경전으로 간주된 것은 송대 이후의 일이므로, '대학'의 이 용법은 송대 이후에 형성된 것이기는 하나, 송대 이후 전통 학계에서는 가장 흔하게 쓰여 온 용법이다.

셋째, 학문의 한 범주로서의 대학이다. 대학 공부는 흔히 소학 공부와 짝을 이루어 거론되어 왔다. 소학 공부는 사회 구성원으로서 살아가기 위해 꼭 익혀 두어야 하는 내용이 주가 되는 반면에, 대학 공부는 사회의 지도층 사람이 익히고 연마해야 하는 내용이다.

대학에 입학하는 이유는

필자가 초등학교 3학년 때의 일이다. 아무 연락 없이 몇 주일인가를 결석하던 급우가 있었는데, 어느 날 담임 선생님이 서너 명의 급우를 이끌고 그 친구의 집을 방문한 일이 있었다. 같이 간 급우들이 그 친구네 집을 가리키자, 집을 확인한 담임 선생님은 급우 한 명에게 선생님 댁에 가서 담배 두 갑을 가져오라고 하셨다. 그 급우가 담임 선생님의 사모님한테 담배를 받아다 선생님께 드리자, 선생님은 어떤 서류와 담배를 들고서 집 안으로 들어가셨다. 그 후로 출석부의 그 친구 이름 위엔 두 줄이 그어졌다. 그날 선생님은 자퇴서에 학부모 도장을 받으러 가시면서, 어려운 처지에 놓인 학부형과 원만한 대화를 위해 담배를 갖고 그 친구 집에 들어가셨던 것이다.

그 친구가 그 후로 어떤 인생 역정을 거치면서 살아오고 있든 간에, 이 세상을 살아감에 있어 그가 매우 불리한 출발을 한 것은 사실이다. 그러나 비록 3년 만에 중단된 배움의 길이기는 하나, 그 친구에게도 초등학교에 입학하여 일정 기간 정규 교육과정을 밟은 이력은 있다.

『대학』의 '학'은 배울 학(學)자다. 『대학』에 담겨 있는 큰 배움의 세계를 접하는 기회에 우리 각자도 지금까지 거쳐온 학의 여정이 자신의 인생에 어떤 의미를 갖는지를 되돌아볼 필요가 있을 것이다.

대학 강의실을 가보면 수강생들 중에 만학도가 연배 차이가 나는 동학들과 같이 공부하는 사례가 갈수록 늘고 있는 것을 알 수 있다. 이것은 바람직한 현상이다. 남성들만 대학에 들어가는 사회가 건실한 사회일 수 없듯이, 일정 연령층의 젊은이들만이 대학 강의실에 드나드는 것도 바람직한 일이 아니다. 아직도 우리 사회에서는 고등학교를 졸업하면 당연히 대학에 들어가야 하는 것처럼 되어 있는 풍조가 여전하다 보니, 자신이 무엇을 하러 대학에 들어왔는지, 자신이 대학에서 연마해야 할 과업이 무엇인지를 정리해 두었거나 생각해 보는 대학인이 그리 많지 않다. 그저 '취직을 위하여' 정도가 고작인 경우가 비일비재하다.

『대학』의 원문은 "大學之道(대학지도)"라는 문구로 시작된다. 글자 뜻 그대로 옮기면 '대학의 길은'이라는 뜻이다. 학문은 사람이 하는 것이니까 그 의미를 '대학 공부를 하는 사람들이 가야 할 길은'이라고 이해해도 될 것이다. 또 대학이라는 단어가 큰 대자, 배울 학자인 점에서 '큰 배움의 길을 걷는 사람들이 닦아야 할 것들은'이라 옮길 수도 있고, '큰 학문을 하는 사람들이 가야 할 길은'이라 옮길 수도 있겠다. 이때 말하는 대학은 물론 전통 사회에서 소학과 짝을 이루어 말해져 온 지도층 인재 양성 교육을 가리킨다.

2

『예기』의 한 편에서 핵심 경전으로

2. 『예기』의 한 편에서 핵심 경전으로

『대학』을 펼치고 읽다 보면, 이 책이 어떤 체제로 된 책인가 하는 의문이 든다. 고대 임금들을 찬양하는 말이 아무런 설명 없이 나열되는가 하면, 『시경』·『서경』에 나오는 문장들이 불쑥 인용되기 때문이다. 이런 상황은 유교 경전에 대한 기초적인 이해가 있어야만 비로소 이해될 수 있다.

유교를 개창한 사람은 다름 아닌 공자다. 공자는 기원전 551년에 태어나 479년에 73세로 생을 마쳤다. 일반적으로 경전은 그 교(教)에서 추종되는 초인적(超人的) 존재의 말씀이나 그 교를 연 개창자의 말씀으로 구성된다. 유교에서는 흔히 '신(God)'으로 말해지는 초인적 존재가 긍정되지 않는다. 그렇다면 유교 경전은 모두 공자의 말씀으로 이루어져야만 한다. 그러나 유교 경전 중에는 공자 이전의 것도 있고, 또한 꼭 공자 말씀 위주로 되어 있지 않은 것도 많다. 이런 점들이 유교의 특이한 점이라 할 수 있다.

경전의 집합, 즉 경전으로 열거되는 것들을 경전군(經典群)이라 말해 보자. 현존하는 문헌들 중 유교 경전군이 거론되어 있는 최초의 문헌에는 육경(六經)이 언급되어 있다. 육경은 『시』·『서』·『예』·『악』·『역』·『춘추』의 여섯 경전을 가리킨다. 이 가운데 『악』은 진시황의 분서갱유 이후 전수되지 못해, 훗날 도대체 어떤 형태의 경전인지조차 견해가 일치하지 않게 되었다. 진나라 후의 한나라 때 복원된 경전은 『악』을 제외한 나머지 다섯 경전이고, 이 오경을 전문적으로 연구하는 학자들을 오경박사(五經博士)로 임명하는 제도를 갖게 되었다.

송대 이전인 당대에는 과거 시험의 한 종류인 명경과(明經科)의 과목으로 『주례』·『의례』·『예기』·『춘추좌전』·『춘추공양전』·『춘추곡량전』·『주역』·『서경』·『시경』의 아홉 가지 경전〔九經〕이 설정되었고, 송대에 이르러서는 『시경』·『서경』·『주역』·『예기』·『춘추좌전』의 오경에 『대학』·『논어』·『맹자』·『중용』의 사서가 경전으로 추가되면서 사서오경(四書五經)의 경전군이 설정되었다. 사서오경이 오늘날까지도 유교 경전군으로 상식화되어 있긴 하나, 송대를 지나면서 열세 종류의 경전을 경전군으로 정리해 낸 십삼경(十三經)이 설정된 점과, 조선조에서는 사서오경 중 점차 『예기』와 『춘추좌전』을 제외한 사서삼경이 경전군으로 설정되어 온 점도 소홀히 할 수 없다.

이상으로 알 수 있는 사실은 유교 경전이 고정되어 있지 않다는 점이다. 시대에 따라, 또 나라에 따라 경전군의 설정에 크고 작은 차이가 있었다.

또 한 가지 알아둘 상식은 대부분의 경전은 여러 세대에 걸쳐 경전으로 완성되어 왔다는 점이다. 『시경』은 주(周) 왕조 초엽에서부터 춘추시대 중엽까지 약 500년 간의 민요와 시 등 305편을 싣고 있다. 『서경』은 요·순 시기부터 시작하여 하·상·주 시대의 정치와 역사를 기록하고 있다. 『대학』에는 『시경』의 시구와 『서경』의 문장이 자주 인용되고 있다. 『시경』을 인용할 때는 "시에 왈(詩曰 : 『시경』에 말하기를)"이라 하고, 『서경』을 인용할 때는 편명을 밝히고 있다. "강고에 왈(康誥曰 : 『서경』의 「강고」에 말하기를)", "태갑에 왈(太甲曰 : 『서경』의 「태갑」에 말하기를)", "제전에 왈(帝典曰 : 『서경』의 「제전」에 말하기를)" 등은 모두 인용한 『서경』의 편명을 밝힌 것이다. 『대학』의 전체 원문 중 『시경』에서 인용한 것은 12곳이 있고, 『서경』에서 인용한 것은 7곳이 있다.

　　물론 아무 문장이나 인용했을 리는 없다. 『대학』의 저자가 세우고자 하는 사상이나 전달하고자 하는 메시지에 부합하는 글들을 인용한 것이다. 흔히 이런 원리를 '단장취의(斷章取義)'라 말한다. 남의 글이나 말 가운데 그 본래 뜻과는 관계없이 자기 의도에 맞춰 특정 부분만을 인용하여 자신의 주장을 입증하는 방식을 일컫는 이 말은 많은 경우 비판적인 맥락에서 말해진다. 하지만 유교 경전의 경우, 후대에 형성된 경전들은 내용의 적지 않은 부분이 이 원리에 따라 이루어져 있다. 기존 경전의 문구를 인용자의 자의적 해석에 따라 인용하는 이 원리를 전통의 학계에서는 '인경(引經)의 활법(活法)'이라 부르기도 했다. 『대학』의 경우만 해도 인용되어 있는 『시

유학과 중국의 역사

중국 전설에 따르면, 고대의 훌륭한 지도자들로 복희(伏羲)·신농(神農)·황제(黃帝) 등이 있었다. 이들을 삼황(三皇)이라 부르고, 그 뒤를 이은 소호(少昊)·전욱(顓頊)·제곡(帝嚳)·요(堯)·순(舜)을 오제(五帝)라 부르기도 한다. 요 임금이 통치하던 시대를 당(唐)이라 하고, 순 임금이 통치하던 시대를 우(虞)라 한다. 요 임금 시대는 대략 한국 역사에서 단군의 건국 시기와 비슷하다. 순 임금 시대 다음에 하(夏) 왕조가 등장하고, 이어 상(商) 왕조와 주(周) 왕조로 이어지다가 기원전 771년부터 춘추전국 시대로 접어든다. 상 왕조를 전통 학계에서는 은(殷) 왕조라고 부른다.

춘추전국 시대 이후로 19세기까지 동아시아의 지식인들은 대체로 요·순 시대와 하·은·주 삼대(三代)를 훌륭한 사회 운용이 이루어졌던 시대로 간주하였다. 조선 시대 지식인들의 글에 자주 등장하는 "당우삼대(唐虞三代)"나 "삼대지치(三代之治)" 등은 모두 이런 맥락에서 말한 것들이다. 현재 역사학계에서는 상 왕조까지는 확실한 역사 시대로 긍정하지만, 그 이전 시대에 대해서는 근거가 불충분한 시대로 보는 듯하다.

춘추 시대와 전국 시대가 몇 년을 기준으로 나누어지는가는 학설이 분분하다. 기원전 221년 진시황에 의해 통일이 이루어짐으로써 전국 시대는 마감되며, 이때 분서갱유(焚書坑儒)가 단행된다. 그 전까지의 550여 년 동안 제자백가(諸子百家)가 출현함으로써 중국의 주요 철학 사상이 형성되었는데, 그중 하나가 다름아닌 유가 학파의 유학 사상이다.

진나라는 한 세대도 버티지 못하고 멸망하고 기원전 206년에 한(漢)나라가 세워졌다. 이때부터 전한(前漢)과 후한(後漢)의 한대유학(漢代儒學)이 전개되었다. 분서갱유의 영향으로 이 시기의 학문은 경전 복원 작업 및 경전 이해를 위한 작업이 주로 이루어지면서 훈고학(訓詁學)으로 대표되는 경학(經學)이 발달하였다.

한 제국이 400년 가량 집권한 뒤 다시 분열기가 전개되어 위진남북조 등의 혼란기가 계속됨에 따라 유학은 960년에 개국한 송(宋) 왕조에 이르러서야 비로소 새로운 면모를 보인다. 흔히 신유학으로 일컬어지는 이학(理學)의 등장이 그것이다. 송대는 북송과 남송으로 나뉘는데, 북송의 대표적 이학가로는 주염계·장횡거·정명도·정이천이 꼽히며, 남송의 대표적 이학가로는 주자와 육상산 등이 있다. 송대에 이어 몽골족의 원대가 집권하다가 다시 한족(漢族)의 명(明) 왕조가 들어서는데, 왕양명의 양명학은 이 명대에 나온 신유학이다.

주자학과 양명학을 두 구심점으로 하는 송명이학은 선진(先秦)의 유학이 송-명대에 이르러 다시 한 번 꽃을 피운 것이다. 조선조의 성리학도 이 송명이학과 궤를 같이한다. 사서(四書)는 송명이학 시대에 새로 정립된 경전군이고, 그 가운데 신유학의 체계와 관련하여 결정적의의를 갖게 된 경전이 바로 『대학』이다.

1644년부터 1911년까지는 만주족의 청(淸) 왕조가 중국을 지배하였으나, 1912년부터는 현대 정부인 민국 정부의 역사가 이어진다. 중국 대륙은 1949년에 공산당의 중화인민공화국과 국민당의 중화민국으로 분단되어 현재에 이르고 있다.

伏羲·神農·黃帝
복희·신농·황제

少昊·顓頊·帝嚳·堯·舜
소호·전욱·제곡·요·순

夏
하

商(殷)
상(은) ── 1600

周
주 ── 1046

春秋·戰國
춘추·전국 ── 771

秦
진 ── 221

漢(前漢·後漢)
한(전한·후한) ── 206

BC
AD

魏晉南北朝
위진남북조 ── 220

(⋮)   (⋮)

隋
수 ── 581

唐
당 ── 618

宋(北宋·南宋)
송(북송·남송) ── 960

元
원 ── 1279

明
명 ── 1368

淸
청 ── 1644

民國
민국 ── 1912

경』이나 『서경』의 문구들이 본래 꼭 『대학』에서 인용하고 있는 그 맥락에서 말해졌다고 하기 어려운 경우가 많다. 하지만 『대학』의 저자가 유가 철학의 근본 취지에 부합되게 인용하는 한, 이것은 별 문제가 되지 않는다. 유교 경전을 이해할 때 유의해야 할 점의 하나로 볼 수 있다.

그렇다면 유교 경전 전체에 흐르고 있는, 가장 기본이 되는 경전 저술의 동기는 무엇일까? 『대학』은 유교 경전의 하나이므로 『대학』 역시 유교 경전 작자들에 공통된 저술 동기에 입각하여 쓰여졌을 것이다. 유교 경전들의 저술 동기, 즉 유교 경전이 편찬된 근거와 기준은 무엇일까?

중국의 서복관(徐復觀)은 말년에 위암으로 고통스러운 시간을 보내면서도 『중국 경학사의 기초』라는 노작(勞作)을 완성하였다. 경전에 관한 연구를 경학(經學)이라 한다. 서복관은 이 책에서 유교 경전들에 대하여 "고대인들의 오랜 정치·사회·인생의 경험이 축적되는 가운데 정치와 사회와 인생의 교육을 위한 교재로 정리하고 선택하고 해석한 것〔是古代長期政治·社會·人生的經驗積累, 並經過整理·選擇·解釋, 用作政治社會人生教育的基本教材的〕"이라 말한다. 필자가 보기에 유교 경전의 형성 근거와 기준을 가장 진실에 가깝게 말한 것이라 생각된다.

서복관의 이 저서는 말년의 암 투병 중에 병상에서 말 그대로 한평생 닦아 온 학문 역량을 총동원하고, 이 세상에서의 남은 기력을 모두 쏟아 완성한 최후의 역작이다. 이 세상의 삶을 정리하는 처지에서 남은 사람들을 위해 최후의 정성이 담겨 있는 저서라고 하겠다. 유교 경전의 편찬자들 역시 이 세상 사람들에게 의미 있는 삶을 살게 하고 정상적인 사회 운용이 이루어지도록 하기 위해 자료의 선택과 편찬과 찬술에 공력을 쏟았을 것이다.

최초의 유교 경전이 된 『시경』과 『서경』도 단기간에 완성된 것이 아니다. 뿐만 아니라 그 후에 나온 경전들도 오늘날 우리가 보는 형태의 원문으로 완성되기까지는 최소한 100~200년 이상의 세월이 걸린 것으로 추정된다. 대개는 수백 년 이상 걸렸을 것이다. 경전이 이렇게 장기간에 걸쳐 여러 사람에 의해 다듬어지는 과정을 거치면서, 공자 이후에 나온 경전일수록 그 내용에 앞 시대 선각자의 말씀이나 옛 시대의 자료들이 많이 인용되게 되었다. 이것은 앞 시대의 경전이 갖고 있는 권위를 끌어들여 설득력을 높이려는 일종의 전략으로 보아도 될 것이다. 『대학』에 『시경』과 『서경』 및 고대의 몇 가지 자료가 인용된 이유가 여기에 있다.

또 한 가지 중요한 점은 유교 경전이 여러 세대의 많은 사람들을 거쳐 완성되어 가는 과정에서, 특히 마지막 단계에서 그 시대 사람들의 의지가 반영되었다는 사실이다. 오늘날 우리가 보는 경전의 원문이 현재 남아 있는 원문으로 확정되는 데는 최후 결정자들의 판단이 개입되어 있다는 말이다. 이것은 「대학」이라는 글의 출처인 『예기』의 경우만 보아도 쉽게 알 수 있다.

『예기』와 「대학」

『대학』은 본래 독립된 경전이 아니었다. 『대학』은 육경의 하나인

『예기』의 글 49편 중 제42편의 글이었다. 49편 중의 한 편에 불과했던 글이 후에 주목을 받아 독립된 글로 읽혀지다가, 급기야 경전으로 추대된 것이다.

『예기』는 예에 관한 유교 경전 가운데 하나다. 유교는 사상면에서나 생활면에서나 예와 뗄 수 없는 관계를 갖는다. 예에 관한 유교 경전에는 『주례(周禮)』·『의례(儀禮)』·『예기(禮記)』의 삼례(三禮)가 있었다. 오늘날 우리가 보는 『예기』는 대체로 공자로부터 전한(前漢) 중엽까지의 자료를 정리하여 편찬해 낸 것으로 보고 있으며, 기원전 51년에 완성되었을 것으로 추정하고 있다. 기원전 51년이란 당시 국왕이었던 선제(宣帝)가 학자들을 석거각(石渠閣)에 모이게 하여 오경에 관하여 토론회를 열게 한 뒤, 그 결과를 직접 결재한 해를 가리킨다. 경전의 표준판이 만들어진 셈이다.

이 석거각 회의가 있었음에도 불구하고, 그 후의 『예기』는 대덕(戴德)이라는 사람이 편찬한 『대대예기(大戴禮記)』와 대성(戴聖)이라는 사람이 편찬한 『소대예기(小戴禮記)』두 가지가 각각 전수되어 왔다. 대덕과 대성은 사촌간이라고도 하고 삼촌과 조카 사이라고도 하는데, 둘 다 후창(后蒼)이라는 스승으로부터 예를 배웠다. 처음에 85편이었던 『대대예기』는 당나라 직전인 수나라 때 46편이 일실되어 현재는 39편만이 남아 있다. 오늘날 우리가 보는 『예기』는 대성이 편찬한 『소대예기』다. 이렇게 두 종류의 『예기』가 각각 전수되어 오다가, 후한(後漢) 말에 정현이 삼례의 주(注)를 정리하면서 『소대예기』를 취한 것이 계기가 되고, 다시 당나라 때인 7세기 중반에 오경정의(五經正義)가 편찬되는 과정에서 『소대예기』를 대본으로 한 『예기정의(禮記正義)』가 편찬된 것이 결정타가 되어, 이후로『대대예기』는 거의 전수되지 못하게 된다.

『대대예기』가 배제된 채『소대예기』가『예기』의 정본으로 취해진 학술상의 근거가 뚜렷이 제시되어 있는 것은 아니다. 이 사례에서도 경전의 편찬과 전수, 그리고 경전으로 추대되는 과정에서 그 시대 유교계 사람들의 의지가 작용했다는 점이 확인된다.

『소대예기』의 한 편이었던 「대학」의 내용이 거론되기 시작한 것은 당대의 한유(韓愈, 768~827)와 그의 제자 이고(李翶)에서부터이다. 북송조에 들어서「대학」은『예기』의 다른 몇 편의 글과 함께 왕실의 지지를 받는 글이 되고, 정명도(明道 程顥, 명도는 호, 1032~1085)와 정이천(伊川 程頤, 이천은 호, 1033~1107) 형제에 이르러서는『논어』·『맹자』와 병렬되면서 유교 정통의 경전이자 유학을 공부하는 사람이 반드시 읽어야 하는 필독서로 높이 평가되기에 이른다.

정씨 형제에게는 따르는 후학들이 많았으므로 자연히 「대학」은 지식인 사회에서 중요시되었다. 남송의 주자에 이르러『대학』은『논어』·『맹자』·『중용』과 함께 사서로 병렬되면서, 유교의 핵심 경전으로서 확고부동한 지위를 굳히게 된다. 이후 송·명대와 조선조의 지식인 사회에서『대학』은 유학의 전체 규모를 세우는 데 주춧돌 역할을 하는 경전이자, 동시에 아직도 그 해석과 정리에 보완이 필요한 경전으로서 끊임없는 담론의 소재가 된다.

『대학』이 송대에 와서 지식인들의 필독서로 정해지고 경전으로 추대된 데는 그만한 이유가 있을 것이다. 이 점을 사상사의 면에서 시대 여건의 변화를 중심으로 살펴보자.

신유학이란 시대 여건의 변화에 부응하여 새로 정립된 유학을 뜻한다. 20세기에 중국에서 형성된 현대신유학(現代新儒學)도 신유학이라 부를 수 있지만, 통상적으로 '신유학'이란 송·원·명대와 조선조의 신유학을 가리킨다. 구체적으로는 송대의 주자학과 명대의 양명학, 그리고 조선조의 성리학(주자학)이 신유학에 속한다. 조선 후기의 다산학도 분명히 신유학의 하나다. 신유학은 공히 중국에서의 한·당대(唐代)까지와 그 이후 시대의 여건 변화, 우리나라에서는 고려 시대까지와 그 이후 시대의 여건 변화를 배경으로 하고 있다.

유학 사상사의 관점에서 볼 때, 한·당대와 송·명·조선조 간에 존재하는 시대 여건의 변화에 대해서는 역사학이나 사회학 등 각 분야별로 관점이 서로 일치하지 않을 수 있다. 우리는 송·명·조선조의 신유학이 형성되고 전개된 배경으로 다음 세 가지를 들고자 한다.

첫째, 인도로부터 전래된 전혀 이질적인 세계관에 대한 철학적 대응이 불가피해진 점을 들 수 있다. 이질적인 세계관이란 곧 불교를 가리킨다. 인도적 세계관인 불교가 중국에 전래된 것은 한대(漢代)로, 대략 기원을 전후한 시기로 추정된다. 불교의 수용 및 유행은 점차 중국의 정신문화에 크고 깊은 파문을 일으키고 영향을 미쳤다. 특히 남북조와 수·당대에는 왕실 및 집권 세력이 불교를 얼마나 지지하느냐에 따라 국정이 좌우되곤 했으며, 지식인들이 불교에 심취하는 것은 송대까지 계속되었다. 한편으로는 도교도 크게 성행하였다.

만일 한대부터 유교가 국교의 지위를 유지해 왔다는 점에서 말한다면, 적어도 북송 이전의 당대에는 이와 같이 현실 사회에 소극적인 세계관들에 대한 유교계의 대응이 나왔어야 했을 것이다. 그러나 당대에 이르러 한유와 이고 등 몇몇 개인적인 시도가 있었을 뿐, 유교계의 집단적인 대안 모색은 없었다. 북송조에 이르러서야 불교와 도교에 대한 비판적 대응이 있었고, 특히 형이상학적 이론 배경을 갖고 있는 불교에 대해서는 철학상의 비판적 극복이 더 이상 피해 갈 수 없는 과제로 되었다. 『대학』이 송대의 주자학과 명대의 양명학에 이르러 형이상학적으로 해석된 배경이 바로 여기에 있다.

둘째, 인간이 우주 내에서 갖는 주체적인 측면, 특히 도덕적 주체성의 면에서 송·명대와 그 이전의 한·당대 간에는 근본적인 차이가 있었다. 단적인 예로, 한·당대인들은 '공자'를 보통의 인간으로서는 범접할 수 없는 초인적 존재로 추대하는 경향을 보인 반면, 송·명대인들은 공자를 모든 사람에게 공통된 인의예지의 성리(性理)에 의거해 누구나 도달할 수 있는 도덕적 인격으로 간주하였다. 각 개인은 누구나 도덕적 인격체이며, 이것에 근거하여 개인은 누구나 가령 군주의 정책에 대해서도 도덕적 기준에 어긋난다면 비판을 할 수 있다는 것이 송대에 이르러 근본적으로 달라진 여건이라 할 수 있다. 물론 여기에는 아직도 노예가 존재하는 사회이고, 또 사실상 지식인이 아니고서는 이러한 도덕적 자유를 누릴 수 없었다는 한계는 있다. 하지만 송대에 이르자, 지식인들의 학문 하는 자세가 그 이전인 한·당대의 지식인 사회에서는 상상하기도 어려울 정도로 주체적으로 급변했다는 점은 송·명 신유학의 배경을 이해하는 척도로서는 매우 중요한 사안이 아닐 수 없다. 『대학』을 기초로 재건된 주자학과 양명학은 이들 주체 세력의 철학이었다.

셋째, 사회 운용의 면에서 몇 가지 변화가 있었다. 황실(천자)은 유명무실하고 실권(實權)이 패자(覇者)에 의해 전횡되던 춘추전국 시대와 달리, 한·당대에는 기본적으로 황실을 중심으로 소수의 문벌 귀족이 사회 권력을 독점하고 세습하는 체제가 지속되었다.

이러한 권력 구조는 중국의 송대와 우리나라의 조선조에 이르러 확연하게 권력이 분산되는 방향으로 바뀌었다. 주로 중소 지주 계층이 중심이 된 신흥 세력이 사회 권력의 많은 부분을 맡게 되었는데, 이들은 원칙적으로 과거를 거쳐 각 개인의 역량에 의해 선발되었다. '사대부'란 이 계층을 가리키는 말이다.

이들의 등장과 적극적인 사회 참여 활동으로 인하여 사회의 운용이 소수의 문벌 대귀족 중심에서 다수의 독서인(讀書人) 중심으로, 세습제에서 과거를 통한 능력 위주의 인재 선발로, 그리고 거의 막혀 있던 지방 세력의 중앙 정치 참여가 눈에 띄게 개선되었다. 그리하여 송대 이후로는 향촌 사회에 거점을 두고 있던 사대부들의 참여 없이는 중앙 정부의 운용이 거의 불가능해지는 등 커다란 사회적 변환이 이루어졌다.

이러한 변환의 과정에서 황실의 권한은 한·당대에 비하면 오히려 훨씬 더 강화되었다. 왕권이 소수 대귀족들의 영향력에서 자유

『대학』의 판본

 '대학(大學)'이라는 제목의 글은 본래 『예기』의 총 49편 중 제42편의 글이었다. 이 「대학」의 원문에 착간(錯簡) 및 오자(誤字)가 있다 하여 원문을 재편집한 개정본은 북송의 정씨 형제(정명도와 정이천)에게서 시작된다. 그러므로 정씨 형제 이전의 「대학」 원문은 모두 『예기』의 원문이 그대로 취해졌다고 보면 되겠다. 후에 나온 개정본들과 구별하여 개정 이전의 판본을 훗날 『고본대학』이라 부르게 된다.

『고본대학』의 가장 오래된 판본은 후한(後漢)의 정현(鄭玄, 127~200)이 주(注)를 단 『예기』에 들어 있고 그 원문과 주문(注文)은 당(唐) 시대의 공영달(孔穎達, 574~648)이 소(疏)를 붙여 정리한 『오경정의(五經正義)』 중 『예기정의』에 들어 있다. 『고본대학』의 원본으로 현재 우리가 보는 판본은 남송 말에 간행된 『십삼경주소(十三經注疏)』에 들어 있는 것이다.

명도 정호(明道 程顥, 1032~1085)와 이천 정이(伊川 程頤, 1033~1107)는 연년생 친형제임에도 각자 독자적인 『대학』의 개정본을 낸다. 형인 정명도가 한 살 위이고 20여 년 일찍 작고했으므로 명도의 개정본을 최초의 개정본으로 간주한다. 남송에 이르러 임지기(林之奇)의 개정본이 나오고, 이어 순서상으로 볼 때 네 번째로 나온 개정본이 주자의 개정본인 『대학장구』이다.

주자의 『대학』 개정본인 『대학장구』가 간행된 이후 『대학장구』는 사실상 『대학』의 표준 판본으로 간주되어 왔다. 왕양명과 한국의 정다산은 『고본대학』의 원문을 그대로 긍정하였다. 역대로 많은 학자들이 『대학장구』와 『고본대학』 모두에 만족하지 못하여 제3의 정본을 제시하려는 시도를 했고, 이러한 노력은 20세기까지 지속되었다.

롭지 못했던 체제에서 이제 왕명(王命)이 천명(天命)으로 간주되는 체제로 바뀌면서 도리어 왕을 중심으로 하는 중앙집권 체제가 더욱 강화되어 간 것이다.

이처럼 시대 여건의 근본적인 변화에 직면한 송대의 유학자들은 유교 경전에 대한 관점에서부터 모든 것을 새로이 정리하고 정립하여 새로운 유학 사상을 세워야만 했다. 그 결과, 송·명 유학자들은 유교의 여러 고전들 중 『대학』·『논어』·『맹자』·『중용』의 사서를 기본 경전으로 설정하고, 그 위에서 『시경』·『서경』·『주역』·『예기』·『춘추』의 오경을 공부해야 하는 것으로 경전관을 세우게 되었다. '사서오경'이라는 용어는 이렇게 송대를 거치면서 나온 것이다.

송대에 이르러 『대학』은 경전 공부를 하는 학인이 사서오경 가운데 가장 먼저 익혀야만 하는 경전으로 확정되었다. 왜 그랬을까? 그 이유는 유가 철학의 전체 규모에 입각한 실천 강령을 『대학』만큼 확실하게 밝힌 경전이 없기 때문이다.

유교는 덕치(德治)를 주장한다. 덕의 정치를 주장한다고 해서 법에 의한 통치를 존중하지 않는 것은 아니다. 다만 법을 기본으로 하되, 덕에 의한 정치를 이상적인 정치로 여긴다. 그리고 유학자들은 언제나 선(善)의 도덕 가치를 구현하는 것에 최대 역점을 둔다. 『대학』은 유교를 새롭게 정립하려는 신유학자들에게 더없는 개론서였다. 『대학』의 첫 문장인 3강령(大學之道, 在明明德, 在親民, 在止於至善)은 새로운 시대 여건에 부응하여 신유학을 세우려는 송·명·조선조 신유학자들의 취지를 명료하게 압축하고 있다. 『대학』은 또한 수신(修身)에서 평천하(平天下)에 이르기까지의 실천 강령을 일목요연하게 서술하고 있다. 신유학의 확립이 『대학』과 긴밀한 관계를 가질 수밖에 없는 연유가 여기에 있다.

주자의 보망장

중국에서는 '사서오경'이라는 용어가 쓰였고, 우리나라 문화 전통에서는 '사서삼경'이라는 용어가 굳어져 있다.

사서오경이라 할 때나 사서삼경이라 할 때나 '사서'는 공통된다. 이 '사서'라는 용어가 처음 쓰이고, 처음으로 '사서' 개념이 형성된 것은 지금으로부터 800년 전쯤의 일이다. 공자(BC 551~479) 이래 2500여 년의 역사를 갖는 유교의 전개 과정에서 경전이 본격적으로 연구되기 시작한 것은 지금으로부터 대략 2100년 전부터이다. 이때부터 약 1300년 이상의 기간에는 '사서'라는 개념도, 용어도 없었다.

『논어』·『맹자』·『대학』·『중용』을 가리키는 '사서' 가운데 『논어』를 제외한 나머지 세 종류의 글은 송대(960~1279)에 이르러 '사서' 개념이 형성될 때까지는 별로 주목을 받지 못했다. 『맹자』조차 송대에 이른 후에야 경전의 반열에 올랐다.

『예기』 49편 중 한 편의 글에 지나지 않던 「대학」이 경전의 지위에 오르는 데 결정적인 역할을 했던 학자는 지금으로부터 800여 년 전에 생을 마감한 주자다.

현재 각 도서관과 시중의 서점에서 열람할 수 있는 '대학'이라는 제목의 경전은 거의 모두가 주자의 개정본인 『대학장구』를 대본

『대학장구』의 특색

남송의 주자가 정씨 형제의 개정본을 기초로 최종 정리한 『대학장구』가 출현하고, 그 100여 년 후 이것이 과거(科擧)의 기본 텍스트로 공포된 이래 동아시아 전통 학계에서는 이 개정본이 사실상 『대학』의 표준 판본으로 간주되어 왔다. 주자가 『대학장구』의 완성본 원고에 서문을 써 붙인 것은 그의 나이 60세 때이다. 아마도 40대 중반부터는 『대학장구』의 초고를 작성하기 시작하였던 것으로 추정되는데, 이렇게 원고가 완성되고 정식으로 간행되기까지 했음에도 주자는 말년까지 『대학장구』의 내용을 정정하고 보완하는 작업을 계속하였다. 71세 때 세상을 뜨기 수 일 전까지도 성의(誠意)장의 내용을 개정한 일화는 유명하다. 주자의 『대학장구』는 『고본대학』의 원문을 크게 이동시켜 배열하였을 뿐만 아니라 원문의 세 글자를 고쳐 읽었고, 4글자를 삭제하였으며, 자신이 작성한 134 글자를 삽입하였다(격물보전). 3강령의 "在親民"을 "在新民"으로 고쳐 읽었고 (경-1), "身有所忿懥"을 "心有所忿懥"으로 고쳐 읽었다(7-1). 이것은 모두 정이 천에 따른 것이다. "擧而不能先, 命也"의 '命'에 대해서는 정현이 '慢'이어야 한다고 주장하고 정이천이 '怠'이어야 한다고 주장한 것에 대해 "어느 쪽이 옳은지 잘 모르겠다"고 말하고서 자신의 견해는 유보하고 있으나(10-16), 주자가 여기의 '命'자를 오자(誤字)로 본 것은 확실하다. "此謂知本"의 4글자에 대해서는 연문(衍文)이라 하여 삭제되어야 할 부분으로 간주하였다. 이것도 정이천에 따른 것이다(4-1). 『대학장구』는 이 외에도, 원문의 앞 부분 205 자를 공자의 말씀으로 간주하여 경문(經文)이라 부르고 그 나머지 부분을 경문을 해설한 전문(傳

文)으로 보아 『대학』의 원문 전체를 경1장(經1章)과 전10장(傳10章)으로 정리한 점, 『대학』의 전체 구조를 3강령 8조목으로 파악한 점, 신민설(新民說)을 확정지어 공표한 점, 격물을 즉물궁리(卽物窮理)로 해석한 점 등등의 특색을 보여준다. 이것들은 대부분 정명도나 정이천의 견해를 발전시켜 확정지은 것들이지만, 체계를 세우고 근거를 확실하게 제시한 점으로 볼 때 그 공헌과 학술적 책임을 주자에게 돌리지 않을 수 없다.

주자의 『대학장구』(내각본)

으로 하고 있다. 유학의 전개 역사 전체를 놓고 본다면, 자못 놀라운 일이 아닐 수 없다. 여러 개정본들 중의 하나인『대학장구』가 700년 이상 주류의 지위를 유지해 오고 있다는 사실도 놀랍고, 근본적으로 시대 여건이 바뀌었음에도 불구하고 옛 시대의 개정본이 본래의 경전이나 새로이 고쳐진 경전을 제치고 여전히 정본으로 채택되고 있다는 사실도 놀랍다. 하지만 이러한 상황은 주자학의 나라인 한국에서는 아직껏 요지부동의 사실이다. 일본 학자들은 주자의 개정본을 존중하기는 하되, 어디까지나 하나의 개정본으로 간주하는 것으로 보인다.

주자의 개정본이 오늘날까지『대학』의 표준 텍스트로 여겨지는 것을 두고 놀랍다고 말하는 이유는 주자의 개정본이『예기』의「대학」과 일치하지 않는 부분이 많아 시비의 여지가 있다는 점과, 특히 자신이 추정하여 지은 글을 원문에 삽입했기 때문이다. 주자는 원본「대학」의 문장을 여러 곳 옮기면서 재편집하였고, 원문의 글자 세 자(字)를 고쳐 읽었다. 그리고 다음 내용의 134글자를 보완하여 삽입하였다.

이른바 지식의 완성이 사물의 이(理)를 궁구함에 달려 있다는 것은, 나의 지식을 완성하려면 각 사물을 대상으로 하여 그것의 이(理)를 궁구해야 한다는 것을 말한다. 본래 인간의 마음은 영묘하여 모르는 것이 없고, 천하의 사물에는 어느 것이나 이(理)가 없는 것이 없건만, 다만 그이를 다 궁구하지 못한 까닭에 지식에 부족함이 있게 되는 것이다. 이런 까닭에『대학』을 처음 가르칠 때 반드시 학생들로 하여금 천하의 각 사물에 대하여 자신이 이미 알고 있는 그것의 이를 더욱 궁구해서 완전히 깨달을 때까지 공부하도록 시키고 있는 것이다. 오랫동안 공력을 쌓아 어느 시점에 갑자기 모든 이치를 확연히 꿰뚫어 알게 되는 경지에 이르면, 모든 사물의 표면과 이면 및 전체 윤곽과 세밀한 내역을 빠짐없이 알게 되고 내 마음의 본체와 작용이 온전하게 드러날 것이다. 이것을 일러 "사물이 격(格)해졌다〔물격〕"고 말하고, 이것을 일러 "앎이 지극해졌다"고 말한다(5-보망장).

주자가 『대학』의 본문에 자신이 추정한 글을 삽입한 이 부분을 '보망장(補亡章)' 또는 '격물보전(格物補傳)'이라 부른다. 주자에 앞서 정명도와 정이천이 각각 개정본 『대학』을 냈고, 주자의 개정본은 그 개정본들에 힘입은 바 크나, 이와 같은 대폭적인 개정의 학술적 책임(공로 포함)은 주자에게 돌아간다.

격물보전(보망장)의 내용에서 가장 핵심이 되는 사항은 『대학』의 격물을 '즉물궁리(卽物窮理)'로 해석한 것이다. '즉(卽)'은 나아간다는 뜻이고, '물(物)'은 사람을 포함하여 모든 존재물을 가리킨다. '궁(窮)'은 캔다·탐구한다는 뜻이고, '이(理)'는 이치·원리·법칙·도리 등의 뜻이다. 매우 중요하므로 확인을 해보자.

자녀는 부모에게 효도하게 되어 있고, 부모는 자녀에게 자애(慈愛)하게 되어 있는 것이 우주의 운행 원리다. 그렇지 못한 행위들은 인간이라는 존재물(物)의 원리 및 우주의 원리를 어기는 것이다. 부모에게 효도하는 것은 자녀라는 사물의 이(理)고, 자녀에게 자애하는 것은 부모라는 물의 이(理)다. 그리고 이러한 이는 상식이 있는 사람이라면 어느 정도 알고 있다. 즉물궁리, 즉 주자 철학의 격물이란 상식적으로 누구나 어느 정도는 알고 있는 이 앎을 더욱 밀고 나가 골똘히 생각하고 깨달아 마치 금강석처럼 단단하게 깨닫는 공부이고, 그렇게 단단하게 깨달은 것을 치지(致知)라고 말한다. 이것이 주자의 격물치지(格物致知) 해석이다.

양명학 진영에서는 과거에는 물론이고 현대의 일부 학자들조차 주자의 이 격물론을 마치 자동차 전시회에 가서 사흘 밤낮으로 쳐다보고 있으면 자동차의 이(理)를 깨달을 수 있다는 식으로 알아듣고서 맹비판을 하고 있다. 그러나 이것은 명백한 오해이고, 학술적으로 엄정하게 말하면 곡해에 해당한다. 주자는 욕심이 많아서 자연 사물에 대해서까지 격물치지론을 적용한 것이 사실이나, 주자 역시 인간 관계(인륜)에 주안점을 두고 있다는 점을 간과해서는 안 된다.

주자의 격물보전이 철학상으로 결정적 의의를 갖는 부분은, 격물의 해석에 이(理)를 끌어들인 점이다. 송명이학(宋明理學)은 주자학과 양명학을 양대 구심점으로 한다. '송명이학'이라는 용어 자체가 이미 그 사상이 '이(理)'의 사상임을 함의하고 있다. 송·명 신유학계의 지평에서 가장 중요한 개념인 이(理)가 격물보전에서 『대학』 원문으로 삽입되고 있는 점에 우리는 주목해야 한다. 본래의 「대학」에는 이(理)자가 한 자도 들어 있지 않다.

주자의 격물보전은 경전 해석학이라는 면에서 몇 가지 중요한 의의를 갖는다. 『대학』 원문에 이(理) 개념을 넣고 사물의 이 개념으로 대학의 의리 사상을 해석하여 송대 이학과 연결시킨 점 말고도, 결과적으로 격물치지론이 송대 이후 유학계의 관건 논제로 떠오르도록 한 의의를 갖고 있다.

불교의 형이상학과 철학상으로 대적해야 했고, 또 신유학이 신진 지식인 계층의 철학이었던 만큼, 송대부터 유학자들은 앎의 문제, 즉 지(知)의 문제에 비상한 관심을 기울이지 않을 수 없었다. 세상이 돌아가는 상황, 세상이 돌아가는 원리를 제대로 알아야 했고, 확실하게 알아야 했던 것이다. 유가 철학의 고전들 중『대학』은 특히 확실한 앎을 주요 논제로 삼고 있다(赤塚忠, 48쪽). 여기에 적어도 지식에 관한 한, 끝말을 봐야만 했던 성격의 소유자였던 주자는 더욱더『대학』을 즉물궁리의 격물에 의거한 치지(앎의 완성)를 선결요건으로 보는 해석으로 끌고 갔다(山下龍二, 67쪽).

비판적으로 보자면, 본래는 효(孝)·제(悌)·자(慈)의 실천을 중심으로 한 덕행 및 선행에 중심을 두고서 이것을 위한 체계적 앎에 비중을 두던『대학』의 사상을 너무 지식의 문제로 중심을 이동시킨 과실이 지적될 수 있겠으나, 긍정적으로 본다면 주자의 격물보전은 당시 유학계의 시대적 요청에 적극적으로 부응한 공로가 있다고 하겠다. 주자 사후 100여 년 후에 주자의 경전 해석이 공무원 선발 시험의 표준 텍스트로 채택되고, 그 후 동아시아 학술계에서 수백 년이상 영광을 누린 것은 아마도 이러한 공로 때문일 것이다.

주자 이후 『대학』 연구사의 특색

『대학』이 독립된 경전으로 승격되고 학계의 주목을 받게 된 송대 이래, 현재까지 나온『대학』에 관한 연구는 그 수효를 다 헤아리지 못할 만큼 많다. 그런데 이러한 상황은, 예컨대 『논어』·『맹자』에 대한 연구가 계속 나오는 것과는 다른 면이 있다. 『논어』·『맹자』와 같은 경전은 그 해석(interpretation)에서 담론의 여지가 있는 것이지, 문헌 자체에 대한 담론의 여지는 거의 없다. 반면에 『대학』은 모든 사항이 다 논제가 된다고 말해도 좋을 정도로 광범위한 담론의 소재를 갖고 있다. 그 핵심 논제들을 정리해 보면 다음과 같다.

ㄱ『대학』의 작자는 누구인가.

ㄴ『대학』은 언제 편찬되었는가.

ㄷ '대학(大學)'의 의미는 무엇이고, '대학' 교육의 성격은 무엇인가.

ㄹ『대학』의 본문에 착간(錯簡)은 있는가. 정정해야 할 오자는 없는가.

이 가운데 우리가 위에서 살펴보았듯이, 유교 경전이 편찬되기까지는 대개 수백 년에 걸쳐 원문이 확정된 특수한 사정이 있어서 ㄴ의 논제는 어느 경전이나 논란의 여지를 갖고 있다고 할 수 있다. 하지만 ㄱ의 논제와 ㄷ의 논제, 특히 ㄹ의 논제가 끊임없이 담론의 소재가 되어 왔다는 점은 경전으로서는 얼른 이해가 가지 않는 대목일 수 있다.

경전의 본문을 '경문(經文)'이라 하자. ㄹ의 논제는 『예기』의 「대학」 원문에 오자가 있으니 정정해야 한다는 주장은 물론이고, 『고본대학』의 경문 순서가 잘못된 부분이 있으니 순서를 바꾸어야 한다거나, 심지어 경문의 일부를 생략해야 한다거나, 추가로 글을 덧붙여야 의미가 통한다는 주장과 그 시도들을 가리킨다. 결과를 놓고 말하면, 『대학』이 핵심 경전으로 자리잡는 데 결정적 역할을 한 주자야말로 이 논제에 불을 지핀 당사자라 할 수 있다.

하지만, 예컨대 현존하는 『예기』가 공자 이후 적어도 300년 이상의 기간에 걸쳐 유포되어 오던 자료들을 취합한 것이라는 사실이 함의하듯이, 본래 유교 경전은 오랜 기간에 걸쳐 편찬자들의 의지 및 외적 조건 등이 작용하여 최종판이 결정된다는 원리를 적용해 본다면, 그리 이해 못할 일도 아닐 것이다.

위의 논제들을 간략히 살펴보면서 우리가 알아두어야 할 사항들만을 정리해 보기로 하자. ㉠의 작자 문제에 대하여, 주자는 공자의 제자인 증자(曾子)를 『대학』의 저자로 주장하였다. 『대학』은 공자의 제자인 증자의 저작이라는 주자의 이 주장에서부터 공자의 손자이자 전통 학계에서 『중용』의 저자로 일컬어지는 자사(子思)의 저작이라는 주장, 한대 아무개의 저작이라는 설, 예컨대 한대 유흠(劉歆)의 저작이라느니 대성(戴聖)의 저작이라느니, 동중서(董仲舒)의 저작이라느니 하는 분분한 주장이 끝없이 제기되어 왔다. 선진(先秦) 유학의 양대 산맥인 맹자학과 순자학 중 『대학』은 맹자 계통의 학자들에 의해 편찬되었다고 보는 학자들이 있는가 하면, 순자 계통의 학자들에 의해 편찬되었다는 학자들도 있다. 또 이 두 학파의 학술 사상을 종합한 것이 『대학』이라고 보는 학자들도 있다. 언뜻 보아서는 기이하게 보이는 주장들도 있다. 현대의 어느 논문은 공자보다 훨씬 앞서는 주대(周代) 문왕(文王)의 저작이라고 쓰고 있고, 명나라 말~청나라 초의 진확(陳確, 1604~1677)이라는 양명학자는 『대학』을 송대 이전에 선불교의 영향을 받은 어느 유가가 불교의 선풍(禪風)에 맞춰 지은 것이라는 논문을 남기기도 했다. 진확의 이 논문은 전통 학계에서는 알려지지 않다가 20세기 후반에야 빛을 보게 되었지만, 그 시절에 이런 주장이 있었다는 것 자체가 놀라운 일이라 하겠다.

우리가 의미 있는 사항들로 짚고 가야 할 점들은 다음 몇 가지일 것이다. 『대학』의 경문에 공자의 말이 인용되어 있고 공자의 제자인 증자가 거론되는 것으로 볼 때, 『대학』의 저자를 공자 이전의 인물로 설정하는 것은 일단 어불성설이라는 것이다. 주자는 『대학』의 앞부분 일부는 공자가 서술한 것이고, 그 나머지는 증자가 서술하거나 지은 글이라고 보았다. 그래서 『대학』의 원문을 공자의 말씀인 경(經)과 증자의 부연 설명인 전(傳)으로 나누어 설명하였다. 주자의 이 증자 저작설이 가장 이른 시기에 속하고, 비교적 근거를 갖춘 견해로서 가장 아래로 내려오는 견해는 한대의 유가들이 편찬했다는 설이다. 이 점 외에 『대학』의 저자에 관하여 확실하게 말할 수 있는 사항은 거의 없다. 우리는 공자의 제자 세대 이후 한대까지 400여 년 사이의 어느 시점에 유가 학자들에 의해 편찬된 것으로 정리하면 되겠다.

ⓒ에 대해서는 앞의 1장에서 다루었다. ⓔ을 살펴보자. 이것이 이른바 '(대학) 개정본' 논란이다. 『대학』 경문에 착간이 있다고 보아 재편 작업을 한 최초의 학자는 정씨 형제다. 정명도와 정이천이 각각 개정본 『대학』을 내놓았고, 정씨 형제 이후 주자 이전의 임지

기(林之奇)라는 학자 역시 자신의 개정본을 내놓았다. 철학 사상면에서나 『대학』의 해석면에서나 주자는 정이천과 긴밀하게 통하는 관계이지만, 정이천의 『대학』 개정본이 주자의 개정본과 일치하는 것은 아니다.

　　주자의 개정본 『대학』이 나온 이후, 참으로 많은 개정본이 속출하였다. 중국 학계의 경우, 20세기에 현대 학자로서 당군의(唐君毅)가 개정본을 내놓았다. 우리나라에서도 개정본이 여러 차례 나왔다. 일찍이 16세기에 회재 이언적(李彦迪)의 개정본이 나온 것을 비롯해, 20세기에도 나왔던 것이다. 김석진에 따르면, 야산 이달(也山 李達, 1889~1958)이 1957년에 『대학착간고정』을 편찬한 것으로 되어 있다(김석진, 215쪽). 우리나라의 유학계가 주자학 천하이고, 이들은 이러한 전통에서 구학문(성리학)을 닦은 철저한 주자학자들임에도 주자의 개정본보다 더 나은 개정본을 시도하였다는 사실을 우리는 유교 경전의 성격 이해 및 학문 하는 사람들의 주체성과 관련하여 곰곰 새겨 봐야 할 것 같다.

열린 경전

『예기』의 한 편이던 「대학」이 송대에 이르러 주목을 받은 이후의 『대학』 연구사는 혼란스럽게도 '시비의 역사'였다고 말해도 될 정도로 분분한 담론을 낳았고, 이 담론은 오늘날에도 결론이 나지 않은 상태다. 이 점을 우리는 부정적으로 볼 것이 아니라, 긍정적으로 보아야 한다.

일반적으로 어느 한 책이 주목을 받게 되면, 그 이후의 연구사는 일정한 선까지 '보완'의 연구사가 되는 것이 상례다. 그렇다면 『대학』의 경우는 이례적이라 할 수도 있다. 왜 이렇게 되었을까? 우선 송대 이후의 뜻있는 유학자들에게는 『대학』이 대단히 중요한 경전으로 간주되었기 때문이라는 점을 들 수 있겠고, 다음으로 해석자 자신의 철학적 관점이 많이 반영될 수 있는 경전이라는 점을 들 수 있겠다.

채인후(蔡仁厚)는 이런 말을 한다.

……어느 해석이 『대학』의 원의에 맞는지는 말하기가 대단히 어렵다. 왜냐하면 『대학』은 단지 실천의 강령만을 제시할 뿐이고, 마땅히 그렇게 해야만 함을 말할 뿐이지, 왜 그렇게 해야만 하는가에 대한 철학적 근거는 말하고 있지 않기 때문이다. 『대학』의 원문으로부터는 개인의 수양 공부를 추구하는 내성지학(內聖之學)의 의리 방향상의 어느 것도 확정지을 수가 없다. 이 때문에 후대인들이 나름대로 채색을 하게 되었다(채인후, 165쪽).

앞에서 살펴보았듯이, 예컨대 격물의 경우 '물(物)'이 우리가 울고 웃는 외부 세계의 사물을 가리키거나 아니면 외부 사물과 관련이 있는 무엇이라는 것은 분명하나, 그 물을 어떻게 격(格)할 것인가에 관해서는 언급이 없다. 그래서 주자와 양명과 다산의 해석이 달라질 수 있었던 것이다. 개인의 수양 공부가 개인 밖의 사회 및 자연계의 존재물들에까지 연결되어야 하고, 수양 공부상의 책임 의식이 그것들에까지 발휘되어야 한다는 것까지만 강조하고 있을 뿐, 수양 공부상 구체적으로 '어떻게'와 '왜 그렇게 해야 하는지'에 관해서는 『대학』 원문에 아무 언급이 없다.

송대 이래의 신진 사대부 계층이 근본적으로 새로운 시대 여건을 맞이하여 사회 운용에 책임 의식을 갖고, 또 기회가 닿는 대로 참여도 해야 하는 정치 주체이자 도덕 주체로서 활약하는 데 『대학』은 안성맞춤인 경전이었다. 게다가 실천 강령의 서술은 분명한 반면, 그 철학적 근거에 대해서는 열어 놓고 있으니 새로운 유학을 재건하려는 유가 철학자들에게는 더없이 적합한 경전이었을 것이다. 이제 그 첫 단락부터 이해해 보자.

인간의 두 마음

3. 인간의 두 마음

『대학』·『논어』·『맹자』·『중용』의 사서 가운데 『대학』은 가장 짧은 글이다. 사서뿐만 아니라 유교 경전 전체를 놓고 보아도 『대학』은 가장 분량이 적은 경전이다. 총 1753자이므로 200자 원고지로 10장이 못 되는 분량이다. 원문의 맨 첫 부분은 다음과 같이 시작된다.

大學之道 在明明德 在新民 在止於至善.
대학지도 재명명덕 재신민 재지어지선.

『대학』 원문에 대하여 훗날 학자나 학파에 따라 그 순서가 뒤바뀌어 있거나 빠진 부분이 있다 하여 나름대로 순서를 바로잡는 경우가 종종 있다. 이런 이야기를 처음 듣는 사람은 '어떻게 경전의 글이 재편되는 일이 가능할까' 의아스러울지 모른다. 하지만 고대의 유학 역사에서 경전의 원문이 재편되고 보완되는 일이 가끔 일어난다. 문장의 순서가 뒤바뀐 것을 착간(錯簡)이라 말하고, 착간을 바로잡은 글을 개정본이라 부른다. 『대학』 개정본은 송대의 정자에게서 처음 나왔다. 연년생 친형제인 정명도와 정이천을 '정자(程子)'라 부른다.

송대의 정자 이래로 수많은 『대학』 개정본이 나왔지만, 어느 개정본이 되었든 위의 첫 문장이 표명하는 세 가지 강령에 대해서만큼은 이의가 없다. 단, 재신민의 '신(新)'자는 본래 '친(親)'자로 되어 있던 것을 북송의 정이천이 '신'자로 고쳐 읽었고, 남송의 주자가 이것을 취하여 이후로 '재신민(在新民)'이 널리 알려지게 되었다. 이것은 단지 글자의 교정 문제가 아니라, 사실상 원전 이해의 사상적 입장과 관계가 있는 경전 해석의 문제다. 그러나 누가 어떻게 해석하든 세 가지 강령의 구조에는 영향을 미치지 않는다.

위의 '명명덕'과 '신민'과 '지어지선'을 '대학의 3강령'이라 부른다. 3강령의 각각에 대한 의미 해석에 대해서는 끝없이 다양한 견해가 제기되어 오고 있다. 이 책을 읽는 독자는 『대학』의 다른 원문들은 다 잊어도 좋으나, 이 문장 하나만큼은 꼭 기억해 두기를 바란다. 누구나 다음과 같이 토를 달아 읽는다.

大學之道는 在明明德하며 在新民하며 在止於至善이니라.

『대학』의 나머지 원문들과 역대의 그 많은 주석 및 논의는 모두 이 16글자에 대한 해설에 지나지 않는다고 말해도 그리 빗나간 말은 아니다.

"대학지도(大學之道)"란 '대학의 교육 이념' 또는 '대학의 실천 강령'이라는 뜻이다. "재명명덕(在明明德)"에서 '재'는 '~에 있다, '~에 달려 있다'는 의미이고, 첫 번째 '명'은 '밝힌다'는 의미의 동사다. 두 번째의 '명'은 '밝다'는 의미의 형용사이므로, 명명덕은 '밝은 덕을 명(明)한다'는 구조인데, 많은 국내 번역본들이 '밝은 덕을 밝힌다'로 번역하고 있다. 그러나 우리말에서 '밝힌다'는 동사는 덕과 관련해서는 그리 자연스럽지 않은 듯하다. '드러내다', '계발하다'가 좀더 근사할 것 같다.

효녀 지은과 일두 모자

『대학』에서 말하는 '밝은 덕'이란 우리의 삶에서 무엇을 말하는 것일까? 『대학』을 여러 차례 읽었어도 『대학』의 3강령에 나오는 밝은 덕[明德]이 무엇을 지칭하는지를 현실적으로 꼭 집어 말하지 못할 수 있다. 우리는 다음 두 가지 사례를 통해서 '밝은 덕'이 무엇을 가리키는지를 분명히 해두자.

사례 1_ 『삼국사기』에는 통일신라 때의 효녀 지은(知恩)의 효행에 관하여 다음과 같은 내용이 기록되어 있다.

효녀 지은은 천성이 지극히 효성스러웠는데, 어려서 아버지를 여읜 후로 홀어머니를 봉양하느라 32세가 되도록 시집도 가지 않고 조석으로 어머니를 봉양하였다. 가정 형편이 어려워 혹은 품팔이를 하고 혹은 구걸도 하여 어머니를 봉양하였으나, 그것도 점차 어려워져 종국에는 쌀 10여 섬에 몸을 팔아 부잣집의 여종이 되었다. 처음에는 어머니에게 알리지 않았으나, 며칠 지나면서 밥이 달라진 이유를 추궁하는 어머니에게 사실대로 고하지 않을 수 없었다. 어머니는 사실을 알고서 목 놓아 통곡했고, 딸 또한 통곡하였다. 이때 장관의 아들이자 화랑이던 효종랑이라는 청년이 지나가다가 이 광경을 보고 집으로 돌아가서 부모에게 청하여 곡식 100여 섬과 의복을 보내 주었다. 또 지은의 주인에게 몸값을 갚아 줌으로써 지은의 신분을 평민으로 회복시켜 주었다. 임금도 이 사연을 듣고 지은에게 벼 500석과 집 한 채를 하사하였다.

사례 2_ 다음은 조선조 오현(五賢)의 한 분인 일두 정여창(一蠹 鄭汝昌, 1450~1504) 모자의 사례다.

경상남도 함양이 거점인 일두 부자는 어려서부터 부자간의 정이 돈독하였다. 그런데 부친이 함경도에서 반란군을 진압하다 전투 중 순직을 하자, 18세의 청년 일두는 2천 리 길을 달려가 전장에서 부친의 시신을 수습하여 돌아와 삼년상을 극진히 치렀다. 그 후 일두는 부친을 잃은 슬픔을 이기지 못하여 가끔 친구들과 어울려 술을 마시곤 했다. 그러던 어느 날, 일두는 술에 취해 들판에 쓰러져 자다가 그 다음 날 귀가한 일이 있었다. 일두의 이런 행동을 보고서 모부인께서 "너의 부친이 세상을 떠난 후 나는 오직 너만을 의지하고 살아가는데, 너의 이와 같은 모습을 보니 나는 앞으로 누구를 의지하고 살아갈 것인지 알 수가 없구나" 하고 책망의 말씀을 하였다. 이후로 일두는 평생 술을 입에 대지 않았다. 일두는 재직 중에 임금이 하사한 술까지도 사양하고 마시지 않았다고 한다.

〔사례 1〕의 경우 지은의 효행을 긍정하기에 앞서 현대의 젊은 이들로서는 검토해야 할 점들이 있을 것이다. 오늘날의 시대 여건에서 말한다면, 가령 홀로 되어 생활이 어려운 어머니를 위하여 꼭 결혼하지 않고 봉양해야만 하는 것은 아니다. 결혼을 하고서도 친정어머니를 봉양할 수 있는 것이 지금의 시대 여건이다. 또한 홀어머니를 봉양하기 위하여 몸을 파는 것도 오늘날에는 허용되기 어렵다. 몸을 팔기보다는 민주 사회의 사회복지 제도를 활용하여 홀어머니가 최소한의 생계를 유지할 수 있게 노력하는 쪽이 더 합리적이고 적절한 효도의 길일 수 있다. 그러나 이런 문제들은 시대 여건의 차이에 따른 것들이므로 논외로 하자.

우리에게 중요한 것은 구체적인 절차보다도, 예나 지금이나 자녀 된 사람은 부모에 대하여 위의 두 사례에서 확인되는 것과 같은 효심을 갖고 있다는 사실이고, 부모 된 사람은 자녀에 대하여 보호하고 바르게 이끌려는 자애(慈愛)의 마음을 갖고 있다는 사실이다.

시대 여건이 아무리 바뀐다 해도, 가족 공동체 의식으로부터 나오는 이 효심과 자애심은 변하지 않는다. 『대학』이 출발점으로 삼는 '밝은 덕' 가운데 가장 대표적인 덕이 바로 이 효심과 자애심이다.

『대학』에는 고대의 훌륭한 왕들이 밝은 덕을 충분히 계발했다는 서술이 자주 나온다.

문왕은 선천적인 밝은 덕을 충분히 계발하셨다(1-1).

요 임금은 큰 덕〔峻德〕을 충분히 계발하셨다(1-3).

이 인용문에서 "문왕은"과 "요 임금은"은 원문에는 생략되어 있는 주어를 넣어 번역한 것이다. 요 임금과 문왕의 훌륭한 정치는 자애심과 효심으로 대표되는 밝은 덕의 계발에 기초한다는 찬양의 서술이다. 가족 간의 정서를 사회 정치에 응용하면 훌륭한 정치가 이루어진다는 이러한 관념은 동서고금의 정치 사상에서 유가 철학만이 갖는 독특한 점이다.

마음의 이중성

『대학』을 공부하는 사람들은 맨 먼저 '밝은 덕'을 계발해야 한다는 것이 원문 첫 문장의 명제다. 인간에게 '밝은 덕'이 있다면, '어두운 덕'도 있는 것일까? 한자로 '明(밝을 명)'의 반대는 '暗(어두울 암)'이다. 인간에게는 암덕, 즉 어두운 덕도 있는 것일까? 『대학』뿐만 아니라 다른 고전에서도 암덕은 거론되지 않는다. '덕'이란 글자는 긍정적 의미로 쓰이기 때문에 암덕이라는 낱말 자체가 성립하기 어렵다. 『대학』에 나오는 '명덕' · '덕' · '준덕(峻德 : 큰 덕)'은 모두 이 밝은 덕을 가리킨다.

유가 철학에서는 근본악(根本惡)이 설정되지 않는다. 악의 선천적인 뿌리나 선천적으로 악한 인간의 본성이 따로 설정되는 일이 없다. 순자가 성악설을 주장했다고 해서 일반인 가운데 아직도 순자가 인간은 선천적으로 악한 본성을 갖고 있다고 주장한 것처럼 오해하고 있는 경우가 많으나, 사실은 전혀 그렇지 않다. 순자가 말하는 인간의 본성은 인간이 동물과 공유하는 자연 본성(동물적 본성)을 가리킨다. 이 본성을 잘 절제하지 못하면 너무도 쉽게 악의 결과를 낳는다는 주장을 강조하다 보니 "인간의 본성은 악하다"고까지 과장 진술을 하게 된 것이었지, 결코 인간이 악한 본성을 선천적으로 타고났다는 의미는 아니었다. 유가 철학 내의 어느 인성론에서나 선천적으로 악한 본성이 설정되지 않는다는 점은 공통된다. 악은 후천적인 삶의 '과정'에서 발생하는 것으로 설정된다.

『대학』이 말하는 '밝은 덕'은 선한 본성에서 나온 것들이거나, 아니면 선의 뿌리에서 유래하는 것들이다. 그 구체적 사례를 든다면, 위의 두 가지 사례에서 지은의 효심과 일두 모친의 자애심, 그리고 일두의 효심과 자율성, 이런 마음들을 밝은 덕의 대표적인 사례로 들 수 있을 것이다. 어려운 처지에 있는 부모를 봉양하려는 마음〔孝〕, 자녀의 바르지 못한 습관을 바로잡아 주려는 부모의 마음〔慈〕, 형이나 누나를 공경하는 마음〔悌〕과 동생을 아끼는 마음〔友〕…… 이런 착한 마음들이 『대학』이 큰 학문의 출발점으로 삼으면서 지극히 중요시하고 있는 밝은 덕〔明德〕이다.

그렇다고 사람에게 밝은 덕만이 갖추어져 있는 것은 아니다. 지은의 효심이나 일두 모자의 자애심과 효심은 다른 사람들에게 모범이 되니까 사람들의 칭송을 받고 기록으로 남게 된 것이다. 가만히 있어도 모든 사람이 다 그와 같은 효행과 자행을 할 수 있는 것은 아니다. 인간에게는 효도하려는 마음과 내 한 몸 편해지려는 마음이 항상 공존한다.

지은의 경우, 사실 그의 내면에서 일어나는 의식 구조는 항상 홀어머니께 효도하려는 마음과 나 혼자 가출을 해서라도 가난과 불편함의 굴레를 벗어나고 싶은 마음이 마치 자석의 두 극처럼 긴장 관계를 형성하는 구조로 되어 있다. 인간의 마음은 이중 구조로 되어 있는 것이다.

예를 들어 우리 동네의 어느 집에 불이 났다고 하자. 이때 사람들의 마음은 한편으로는 달려가 도와주고 싶은 마음과 다른 한편으로는 불구경을 하고 싶은 마음으로 이중성을 갖게 된다. 부모의 자애심과 자녀의 효심도 결국 이러한 이중 구조의 의식 상태에서 한쪽이 다른 쪽보다 강하게 작용한 데서 나오는 것이다.

동아시아의 전통 사회에서 『대학』을 읽는 지식인이나 지도층 인사들에게 요구했던 것은 인간이면 누구나 갖고 있는 효심과 자애심과 같은 착한 마음을 계발하여 확고하게 갖추는 것이었다. 그 착한 마음의 원형은 부모 형제와 같은 가족 구성원 간의 가족 감정이다. 『대학』을 읽는 옛날 선비들은 가족 감정을 선천적인 것으로 여겼다. 그래서 자(慈)·효(孝)·우(友)·제(悌) 등의 가족 감정을 천명(天命 : 하늘의 명령)이라 말했다.

천명이라는 말은 어떤 정권이 정치적 권위와 정당성을 부여받았음을 말할 때도 쓰이고, 여기에서와 같이 각 개인이 선천적으로 갖추고 있는 밝은 덕이 하늘에서 유래함을 말할 때도 쓰인다.

자연 법칙 이상의 영역

서양 문명의 지성사에서는 인간이 신과 동물의 중간에 위치하는 중간자로 설정된다. 신과 통하는 면은 있지만 신이 될 수는 없으며, 또 동물과 통하는 면을 갖고 있지만 동물에 그치지는 않는 존재가 인간이다. 이렇게 말할 때의 신은 창조주로서의 초월자다. 반면에 인도 문명의 지성사와 동아시아 문명의 지성사에서는 원칙적으로 창조주로서의 초월자는 설정되지 않는다. 단지 초자연적(supernatural) 영역이 설정될 뿐이다. 자연 법칙의 지배를 받지 않는 초자연적 영역은 긍정되지만, 그 영역을 주관하고 인간 사회를 주재하는 신은 설정되지 않는다.[2] 서양의 기독교 문명과 중동의 이슬람 문명이 초자연적 영역을 긍정하고 주재자로서의 신을 긍정하는 반면에, 인도와 동아시아에서는 초자연적 영역만이 긍정되고 신은 설정되지 않는다.

동아시아 문명에서 설정되는 초자연적 영역을 유가 철학에서는 흔히 천(天)이라고 말한다. 천은 자연 법칙의 지배를 받지 않는 영역이다. 하지만 자연 법칙과 마찬가지로 천의 영역 역시 나름의 질서(super-natural order)를 갖기 때문에 유학자들은 통상 천도(天道) · 천리(天理)라는 용어를 사용한다. 천도 · 천리로서의 천은 저 푸른 하늘을 가리키는 천이나 현대의 천체물리학에서 말하는 천, 고대에 '상제(上帝)'로 많이 일컬어진 인격신으로서의 천 등과는 차원을 달리하는 형이상(形而上, 즉 초자연적)의 천이다.

이제 중요한 것 한 가지를 짚고 넘어가자. 『대학』에 나오는 밝은 덕의 대표적인 사례로 우리는 부모 된 자의 자애와 자녀 된 자의 효를 제시하였다. 이 자(慈) · 효(孝)의 마음을 유학에서는 초자연의 영역인 천과 연결짓는다. 이 점이 바로 유학의 독특한 점이다.

중국의 고대 전설 및 역사에 등장하는 성인 왕들의 훌륭한 정치는 알고 보면 각 개인에게 천부적으로 부여되어 있는 자애심·효심 등의 밝은 덕을 충분히 계발하여 이 마음으로 나라를 다스렸기 때문에 이상적인 정치가 실현되었다는 것이 유교의 기본 입장이다.

『대학』역시 자·효·우·제 등의 가족 감정은 천(天)으로부터 명령[命]의 형태로 모든 인간에게 부여되어 있고, 성인 왕이란 이 천부의 착한 마음을 굳게 지킨 통치자들이라는 관점을 갖고 있다. 『대학』1장 2절은 탕왕의 경우를 이렇게 말한다.

탕 임금은 하늘의 이 밝은 명령을 항상 돌아보고 살펴셨다(1-2).

중국 고대 성인 왕의 한 사람으로 꼽히는 탕(湯) 임금은 하(夏) 왕조의 마지막 왕인 걸(桀)을 쿠데타로 몰아내고 상(商) 왕조의 개조가 되었다. 동아시아의 전통 사회에서 전해 내려온 중국 역사 이야기에 따르면, 요(堯)와 순(舜)이 제왕으로 활동하던 당우(唐虞) 시대가 있었고, 그 뒤에 하·은(상)·주 삼대(三代)가 이어졌으며, 주대의 다음 시대가 춘추전국 시대다. 현대에 이르러 하 왕조까지의 역사에 대해서는 그 실재성 여부가 논란이 되어 왔으나, 상 왕조와 주 왕조는 그 실재가 확인된 역사 시대로 인정되고 있다. 전통 사회에서는 중국 고대에 이상적인 사회 운용이 이루어졌던 시대로 하·은·주 왕조를 추앙하여 늘 '하·은·주 삼대'라는 표현을 사용했으나, 현대의 학계에서는 '은(殷)'을 그 본래의 명칭이었다는 '상'으로 부른다. 상 왕조를 연 탕왕은 말하자면 평화적 정권 이양의 관례를 깨고 최초로 쿠데타에 의해 천자의 지위에 오른 왕인 셈이다.

하 왕조의 마지막 천자였던 걸은 애첩과의 사랑에 빠져 국정을 소홀히 하고, 시장에 호랑이를 풀어 백성들이 놀라는 것을 보고 즐기는 등 실정(失政)하여 민심을 잃었다. 한 제후국의 왕이었던 탕은 중국 역사상 현명한 인물의 한 사람으로 꼽히는 이윤(伊尹)의 도움을 받아 걸을 토벌하고서 이윤의 보좌를 받으며 충심을 다해 백성들을 위한 정치를 시행함으로써, 모든 백성들이 그의 덕을 칭송하였다. 즉위 초 수년간 가뭄이 계속되었을 때, 태사가 점을 쳐 하늘의 뜻을 물은 결과 사람을 희생으로 바치고 제사 지내야 한다고 하자, 백성을 위해 정치를 해야 하는 내가 사람을 희생시킬 수는 없다고 거부하면서 스스로 목욕재계하고 광야에서 하늘에 자신의 잘못을 고하고 기도한 끝에 큰비가 내렸다는 고사가 유명하다. 이러한 탕 임금의 인정(仁政)도 그 내원(來源)은 부모 사랑, 자녀 사랑의 착한 마음이라는 것이 『대학』의 저자가 위 인용문을 끌어들인 맥락이다.

동물의 세계에서도 어미의 새끼 사랑이 있고, 새끼에게도 일정 기간은 어미를 믿고 따르는 순종의 면이 보인다. 인간 사회의 경우, 부모와 자녀 간에 발휘되는 자애심과 효심은 자연스런 정서이고 바람직한 정서다. 어느 문화권, 어느 철학, 어느 종교나 다 효도하라고 가르친다. 부모의 경우에는 이미 성숙한 인격체이기 때문에 군이 세상의 부모들에게 부성애와 모성애를 강조하고 교육시켜야 할 필요까지는 없겠으나, 자녀의 경우에는 아무래도 미성숙한 사람들이고 실천 능력에 미덥지 않은 면이 있으므로 어려서부터 교육을 시키고 효도를 강조해 온 것이라 생각된다.

유가 철학의 독특한 점은 효·제를 강조하는 데 있는 것이 아니라 인간이면 누구나 갖고 있는 자·효의 감정을 남다르게 해석하고 남다르게 활용하는 데 있다. 남다른 해석이란 지은의 효심과 일두 모자의 자·효심 등을 초자연의 영역인 천에서 유래하는 것으로 본다는 점이다.

자·효의 밝은 덕이 형이상(形而上)의 천에서 유래한다면, 이 마음은 후천적으로 형성되거나 주입된 것이 아니라 우리가 태어날 때부터 갖고 있는 선천적인 역량이 된다.

현대의 학술 연구 상황으로 볼 때, 자·효의 감정이 선천적인 것인지 후천적인 것인지는 어느 누구도 단언할 수 없다. 학파적 입장이나 학설의 입장에 따라서 나름의 결론을 제시할 수는 있겠으나, 지식인 사회의 다수가 수긍할 만한 결정적인 근거는 아직 제시되어 있지 않다.

이와 같은 상황을 단적인 예를 하나 들어 언급한다면, 현재 휴전선을 경계로 분단되어 있는 남한과 북한의 경우 북한 사회가 기초하고 있는 세계관(마르크스주의)에 따른다면 자·효의 감정은 선천적인 것이 아니라 후천적으로 형성된 것이다. 반면에 여러 가지 세계관이 공존하고 있는 남한 사회의 경우, 어떤 사람들은 선천적인 것으로 믿고 어떤 사람들은 후천적인 것으로 보는 관점이 병존하는 상황이라 하겠다.

분명한 것은 100여 년 전까지 조선의 지식인들은 자·효의 밝은 덕을 철저하게 선천적으로 타고나는 것으로 믿었다는 점이다. 『대학』은 이러한 인간관 위에서 나온 저술이다.

우리말의 '명령'은 한자말 '命令'으로 되어 있다. 유학에서 자·

효의 마음과 형이상의 천을 연결하여 주는 개념이 명(命)이다. 사람이 태어날 때 천이 명을 내리는 방식으로 각 개인에게 자·효 등의 밝은 덕을 부여한다는 것이 유학의 사상이다. 이것은 유학의 세계관과 인간관을 이해하려 할 때, 꼭 기억해 두어야 하는 부분이다.

일상적 용법으로 말하면, 명령이란 누군가 주체가 있어 대상에게 내리는 것이다. 그렇지만 유학에서 말하는 명은 주체로서의 천을 주재자로 설정하지는 않는다. 품부받는 사람 쪽에 중심을 두고서 선천적으로 모종의 역량이 갖추어져 있음에 초점을 둔다. 주재자로서의 천에 소극적인 이 점은 유학의 처음부터 그랬다기보다는 유가 철학이 전개되는 과정에서 점차 그러한 쪽으로 전개된 것으로 생각된다.

밝은 덕은 천부의 바람직한 품성이다. 쉽게 말하면, 타고난 착한 마음이다. 『대학』이 제시하는 대학 공부의 출발점은 이 착한 마음을 계발하고 넓히고 굳게 지키는 것이다.

가족주의와 유교

사람의 착한 마음에는 여러 부류가 있다. 예를 들어 보면 여행길에 우연히 만난 신혼 부부가 행복하게 잘살기를 바라는 마음, 유덕한 사람 또는 그런 행위에 대한 자연스러운 경의, 불이 난 건물에 뛰어들어 낯선 사람을 구출해 내는 행위, 전쟁터에서 전우를 위해 생명의 위험을 무릅쓰는 군인의 용감한 행동 등은 모두 인간의 착한 심성에서 나온 것들이다. 이것들은 모두 착한 마음이기는 하나, 내용은 조금씩 다르다.

여러 부류의 착한 마음 가운데 유학은 자녀에 대한 어머니의 헌신이나 지은과 일두의 효심과 같은 가족 구성원 간의 감정에 특별한 가치를 부여한다.

『논어』 1편 2장에는 다음과 같은 말이 나온다.

효(孝)와 제(悌)는 인(仁)을 행하는 근본이다.

인(仁)은 모든 유가의 최종 목표다. 그 인을 유학자들은 누구나 다 갖고 있는 효·제의 가족 감정에 직결시킨다. 부모에 대한 효심과 형·누나·언니 등 윗형제에 대한 공경심은 인을 이루는 근본이 된다. 이 부분은 유학의 세계관을 이해할 때 관건이 되는 것 중 하나다.

위 인용문 가운데 "인을 행하는 근본이다〔爲仁之本〕"는 부분은 학파에 따라 해석하는 관점이 달라서 '인의 근본이다'로 읽기도 한다. "위인(爲仁)"의 '爲'를 '행하다'로 보느냐, '이다'로 보느냐의 차이인데, 어느 쪽으로 이해하든 유교의 최고 덕목인 인은 효와 제 등의 가족 감정으로부터 출발하여 도달할 수 있다고 보는 점에서는 견해 차이가 없다. 이와 같이 인간의 착한 마음 중 자신의 가족 구성원에 대한 착한 마음에 초점을 맞추는 가르침이 유교다.

『대학』의 전체 원문 중 적지 않은 분량이 가족 구성원 간에 유지되어야 할 덕목과 가정 밖에서 공직자로 임무를 수행할 때의 덕목을 연결하여 말하고 있다. 9장 1절을 예로 들어 보자.

이른바 '나라를 다스리려면, 반드시 나의 집안을 먼저 가지런히 하여야 한다'는 것은 다음을 의미한다. 자기 집안 사람들조차 교화시키지 못하면서 사회 사람들을 교화시킬 수 있는 사람은 없다. 그래서 유덕한 통치자는 집 밖에 나가지 않고서도 나라의 백성들을 교화시킬 수 있다. 집안에서의 효(孝)는 국가에서는 임금을 섬기는 근거가 되며, 집안에서의 제(悌)는 국가에서는 상급자를 섬기는 것이 되고, 집안에서의 자(慈)는 국가에서는 백성들을 부리는 근거가 된다(9-1).

또 하나의 예문을 인용해 보자.

『시경』「시구」 시에 이런 구절이 있다.
"그분의 행실에 흠이 없었네.
나라 전체가 바로잡혔네."
통치자가 아버지로서, 아들로서, 형으로서, 동생으로서의 역할을 잘하여 본받을 만한 후에야 백성들은 그를 본받는 것이다(9-8).

부모로서, 자녀로서, 형으로서, 동생으로서 지켜야 할 덕목을 잘 지킨 사람이 한 나라의 지도자로서도 소임을 잘 수행한다는 맥락이다. 여기에서 오해가 생길 수 있다.
유교가 가족 감정을 사회 생활과 직결시킨다는 점에서는 이견이 거의 없는 것으로 보인다. 흔히 유교를 '가족주의'라고 말하는 근거가 여기에 있다. 그러나 필자는 이것을 오해의 여지가 있는 논법으로 보고 있다.

유교를 가족주의라고 말하는 것이 틀린 말은 아니다. 다만, 다음 두 가지 점에서 오해가 일어나지 않아야 한다. 첫째는 '결과'를 놓고 말할 때, 가정에서 문제가 있는 사람은 사회의 공무 생활도 잘할 수 없다는 식으로 매도할 수도 있다. 유교를 이렇게 받아들인다면 큰 오해다. 우리 보통 사람들의 심정으로는 어떤 공직자의 가정 생활과 공무 수행을 연결하여 논평하는 것이 자연스러울 수 있으나, 이것이 유교의 입장은 아니다.

유교가 초점을 맞추고 있는 것은 '결과'가 아니라 마음이다. 어떤 사람의 가정 생활이 순탄치 못하더라도 그가 공직자로서는 귀감이 되거나 청백리일 수 있다. 유교가 관심을 갖는 것은 그가 자·효·우·제 등의 착한 마음을 충분히 계발하였느냐의 여부, 즉 『대학』이 말하는 명덕(明德)을 명(계발)하였느냐에 있다. 만일 그가 이런 밝은 덕을 충분히 계발하고 그러한 마음으로 공무를 수행한다면, 그의 가정 생활이 어떠하냐는 그리 중요한 의의를 갖지 않는다.

위의 두 번째 인용문에서 "통치자가 아버지로서, 아들로서, 형으로서, 동생으로서의 역할을 잘하여 본받을 만한 후에야"의 원문은 "其爲父子兄弟足法而后"이다. 이 문구에 대해서는 위의 번역문 외에, 다른 해석에 따른 번역이 가능하다. '그(통치자)의 부모 형제 된 자가 족히 본받을 만한 뒤에야'의 번역이 그것이다. 공직자의 가정이 모범적이어야 백성들이 지지하고 따른다는 해석이다. 위의 원문을 이런 의미로 이해하더라도 우리의 결론에 영향을 미치지는 않는다. 유교가 공직자에게 요구하는 것은 자·효·우·제 등을 대표로 하는 밝은 덕의 충분한 계발이지, 현실적으로 화목하고 모범적인 가정을 이루어 냈느냐가 아니다.

세상에는 밝은 덕을 계발하여 언제나 착한 마음으로 눈물겨운 노력을 해도 가정이 화목하지 못한 불운한 사람이 있는가 하면, 반대로 가장으로서의 책임 의식을 전혀 느끼지 못하고서 외도에 도박에 난봉꾼으로 돌아다녀도 자녀들은 견실하게 잘 성장하는 경우도 있다. 유교가 후자의 무책임한 부모를 지지하는 것은 결코 아니지만, 전자의 부모에 대해 결과만을 놓고 질책하는 입장인 것도 아니다.

어느 문인이 주자에게 이런 질문을 하였다. "요 임금과 순 임금은 자식을 교화하지 못했고 주공(周公)은 그 형제와 화합하지 못했습니다. 이것은 어찌된 일입니까?" 요 임금과 순 임금과 주공은 만백성의 지지와 칭송을 얻은 성인·현자들이다. 그런데 그들의 가족 관계를 보면 마음이 바르지 못한 형제가 있었는가 하면, 모범적이지 못한 자식이나 부모도 있었다. 질문자는 그들의 가정이 본받을 만한 모범 가정이 아니었는데, 어떻게 백성들은 그들을 본받고 따랐느냐는 의문을 제기하고 있다.

주자는 이렇게 답했다. "이 글을 쓴 성현은 불변의 도리[常]를 말한 것이고, 요 임금과 순 임금과 주공은 주어진 상황에 따라 처신하신 것이다. 요 임금과 순 임금이 천하를 아들에게 물려주지 않고 어진 사람에게 준 것은 주어진 상황에 잘 대처한 것이며, 만약 주공이 동생인 관숙을 처단하지 않았더라면 주나라가 어떻게 안정될 수 있었겠는가? 이것들은 부득이하여 그렇게 한 것이다."

주자는 원칙[常]과 현실[變]을 가지고 말하고 있다. 이것을 간단하게 말하면 이렇다. 백성들이 요·순 임금과 주공을 본받고 칭송한 것은 이들이 현실에서 모범적인 가정을 이끌었기 때문이 아니라, 자·효 등의 밝은 덕을 충분히 계발하고 그러한 마음으로 백성들을 대했기 때문이다.

오해의 여지가 있는 두 번째 내용은 유교의 사상을 마치 이 세상 모든 사람을 가족처럼 여기자는 주장으로 볼 수 있다는 점이다. 이것 역시 진실과는 거리가 있다. 공직에 임할 때 백성 가운데 아버지뻘 되는 사람에게는 나의 아버지와 동등하게 대하고, 동생뻘 되는 사람에게는 나의 동생에게 대하는 것과 똑같게 대하자는 주의 주장은 묵가(墨家)의 사상이지, 유가의 사상이 아니다. 남의 아버지, 나의 아버지를 구분하지 않는 것은 공자의 유가 사상에 최초로 사상적(思想的) 도전장을 냈던 묵가의 겸애설(兼愛說)이다.

유학이 지향하는 것은 온 세상 한가족주의가 아니라, 자·효·우·제 등의 가족 감정을 충분히 계발하고 그러한 마음으로 공직에 임하는 것이다. 이에 대해 "그러한 마음으로 공직에 임하라"는 말은 결국 공무 수행상 관련된 사람들을 가족처럼 대하라는 의미가 아니냐 하고 의문을 가질 수 있다. 바로 이 부분에서 오해가 일어나는 것이다. 계발된 가족 감정으로 백성들을 대한다는 말과 백성들을 나의 가족으로 간주하라는 말은 결코 같은 의미가 아니다. 실제의 나의 가족과 내가 공직에서 가족 감정으로 대하는 민원인들은 소속을 전혀 달리한다. 내가 창구 공무원으로 있을 때, 어느 민원인이 양식을 작성하지 못하고 쩔쩔매면 나는 그에게 핀잔을 줄 수도 있고 짜증을 낼 수도 있다. 또 나는 저분이 나의 형님이라면, 나의 동생이라면 어떻게 하였을까를 생각하여 그를 도와줄 수도 있다. 이때 나의 밝은 덕(가족 감정)으로 그분을 도와주는 것이 공자의 가르침(유교)이기는 하나, 그 민원인과 내가 공무 수행 외의 영역에서도 한가족처럼 유대 관계를 가져야 하는 것은 아니다. 가족 감정으로 대하는 것과 가족 관계를 맺는 것은 별개의 사안이다.

이상의 변별 사항에 유의하면서 『대학』의 몇몇 서술을 살펴보자.

『서경』의 「강고」에 "어린아이를 보살피듯이 백성들을 대하라"고 하였다. 공직자들도 이와 같은 마음으로 정성을 들여 백성들이 원하는 것을 찾아 베푼다면, 설령 백성들의 마음과 딱 일치하지 못하는 일이 생길지언정 백성들의 마음에서 멀어지는 일은 일어나지 않을 것이다. 본래 아이 키우는 법을 배우고서 시집가는 처녀는 없다(9-2).

"본래 아이 키우는 법을 익히고서 시집가는 처녀는 없다"는 말이 인상적이다. 이것은 만일 공직자가 가족 감정으로 백성들을 대한다면, 아직 공무에 익숙지 못하더라도 실패는 하지 않을 것이라는 의미가 담겨 있다. 9장 7절은 이렇게 말한다.

『시경』 「육소」 시에 이렇게 읊고 있다.
"형에게도 잘 대하고,
동생에게도 잘 대하도다."
형에게도 잘 대하고 동생에게도 잘 대한 후에 나라 사람들을 교화할 수 있는 것이다(9-7).

"형에게도 잘 대하고 동생에게도 잘 대한다"는 말을 그 공직자의 집안에서 일어나는 실제의 결과를 두고 하는 말로 보기보다는 동생을 아끼고 잘 이끄는 우(友)의 덕과 윗형제를 공경하고 따르는 제(悌)의 덕을 충분히 계발한 사람이라면, 지도층 인사로서 국민들을 잘 교화할 수 있을 것이라는 의미로 읽어야 할 것이다.

황금률과 혈구지도

가족 감정의 충분한 계발을 중요시하는 점과 함께, 『대학』의 강령을 떠받치고 있는 관념으로 관건이 되는 것 중 하나가 혈구지도(絜矩之道)의 황금률(黃金律)이다.

황금률이란 남들이 나에게 해주기를 바라는 대로 남을 대하라는 윤리적 행위의 규칙을 가리킨다. 황금률(Golden Rule)이란 말은 18세기에 등장했지만, 황금률의 가르침은 세계 여러 문명의 최초 문헌들에 담겨 있다. 고대 인도의 『마하바라타(*Mahabharata*)』, 호메로스의 『오디세이』, 기독교의 구약과 신약, 그리고 동아시아에서는 공자와 맹자의 가르침에 나온다. 황금률의 예로 서양 사회에서 가장 널리 통용되는 표현은 기독교 『성경』의 "너희는 남에게서 바라는 대로 남에게 해주어라"이다.

황금률은 여러 민족의 관습적인 윤리에 포함되어 있고, 또 그 단순명료함과 신빙성 때문에 청소년을 대상으로 하는 도덕 교육에 필수적인 윤리 강령이 되어 왔다. 황금률은 두 가지 방식으로 정식화된다. 소극적 형태는 "남이 너에게 행하지 않기를 바라는 행위를 남에게 하지 마라"는 부정형 문장으로 정식화되고, 적극적 형태는 "당신이 남에게서 대접받고자 하는 대로 남을 대하라"는 긍정형 문장으로 정식화된다.

유교의 황금률로는 서(恕)가 대표적으로 거론되는데, 유교 경전에 등장하는 서에 관한 언급은 거의가 '~하지 마라'의 소극적 형태를 띠고 있다. 가장 대표적인 사례는 공자가 말한 "자기가 원하지 않는 바를 남에게 베풀지(행하지) 마라〔己所不欲, 勿施於人〕"이다. 이 원문 여덟 글자는 서울의 어느 지하철역 벽에 큰 글씨로 새겨져 있다.

중국에서 활동하던 초기 기독교 선교사들은 유교의 서(恕)가 소극적(부정적) 형태를 취하는 것이 기독교의 황금률을 소극적으로 표현하는 것에 해당한다고 보아 유교의 서를 은율(銀律, Silver Rule)이라 부르기도 했다. 서양의 황금률과 유교의 황금률 사이에 차이가 있느냐 없느냐에서부터 시작하여 황금률을 둘러싼 논의는 최근 들어 주목을 받으면서 현재 매우 깊이 있게 논구되고 있다.[3]

평화롭고 바람직한 인간 사회 구현을 지향하는 『대학』의 의리 사상에서 유교의 황금률은 혈구지도로 구체화된다. 9장 4절은 유교의 황금률인 서(恕)를 시행하느냐, 아니면 저버리느냐가 선정(善政)이냐 악정(惡政)이냐를 판가름짓는다고 말한다.

성군인 요 임금과 순 임금이 인(仁)으로 천하를 이끌었을 때도 백성들은 그들의 인(仁)함을 그대로 본받았고, 폭군인 걸과 주가 포악으로 이끌었을 때도 백성들은 그들의 포악함을 그대로 본받았다. 하지만 결과

주가 명령한 것들은 이 폭군들이 좋아하는 것과는 상반된 것들이어서 결국 백성들은 폭군의 명령에 따르지 않는 결과를 가져왔던 것이다. 이런 까닭에 공직자는 자신이 선함을 갖춘 후에 백성들에게 요구하며, 자신에게서 악함을 없앤 후에 백성들의 악함을 비난한다. 자신의 몸에 갖추어진 것을 미루어 다른 사람에게 적용하는 서(恕)의 방식을 쓰지 않고서 다른 사람들을 일깨워 주었던 사람은 없다(9-4).

요(堯)와 순(舜)은 문왕·무왕보다 훨씬 이전 시대에 평천하(平天下)의 이상 정치를 실현했던 성군들이다. 요가 산 시대는 대체로 우리나라의 단군 건국 시대에 해당한다. 요는 집권자의 둘째 아들로 태어나 어느 땅의 책임자로 봉해졌는데, 그의 형이 무도한 인물이어서 제후들이 장자인 형을 폐위하고 요를 천자로 받들었다고 한다. 인(仁)의 덕으로 태평성세를 이룬 요는 자신의 아들이 있었음에도 제위를 물려주기에는 부족하다고 판단하여, 당시 초야에서 덕행으로 널리 알려져 있던 순을 발탁하여 일정 기간 군주 교육을 시킨 뒤 왕위를 물려주었다.

가난한 집에서 태어난 순은 일찍 생모를 여의었다. 아버지와 계모·이복 동생과 함께 살면서 생부를 포함한 이들의 계략으로 생명의 위험까지 몇 차례 겪었지만, 순은 그때마다 지혜로 위기를 모면하였다. 또한 이들이 자신을 학대하고 살해하려고까지 했음에도 언제나 충실히 자신의 밝은 덕으로 효(孝)와 우(友)를 실천하여 마침내 이들로 하여금 감복하여 본심을 되찾게 하였다. 순의 이러한 덕행이 이웃에 알려지고 나라에 알려져 순은 급기야 천자의 지위에까지 올랐다.

중국 역사상 폭군의 대명사로 규탄받아 온 걸(桀)과 주(紂)는 각각 하 왕조와 상 왕조의 마지막 왕이다. 힘이 장사였고 포악했던 걸은 한번 주색에 빠지자, 헤어나지를 못해 충심으로 간언하는 신하를 가두고 죽이는 일을 서슴지 않았다. 상 왕조 최후의 왕인 주는 맨주먹으로 맹수를 쳐죽일 만큼 힘이 셌을 뿐 아니라, 지략과 언변도 뛰어나 자신의 비행을 교묘하게 합리화할 수 있는 역량을 갖고 있었다. 그러나 역시 주색에 빠진 뒤로 백성들을 착취하여 재물을 산더미처럼 쌓아 놓는가 하면, 임산부의 배를 갈라 태아를 꺼내 보기도 했다. 조정의 현신(賢臣)이자 자신의 숙부인 비간(比干)이 직언을 하자 "내 들으니 성인의 심장에는 구멍이 일곱 개 있다고 하더라"면서 정말 성인인지 확인하겠다며 가슴을 갈라 심장을 꺼내 죽였다. 주의 숙부인 기자(箕子) 역시 충심으로 간언하였으나 듣지 않자 거짓 미친 체하고서 노예가 되었고, 미자(微子)도 간언하다 듣지 않자 상 왕조를 떠나 버렸다. 상(殷) 왕조의 이들 세 현자를 '은의 삼인[殷三仁]'이라 부른다. 폭군 주는 결국 무왕에게 정벌당하고 패한 뒤 스스로 불길에 뛰어들어 자살함으로써 상 왕조는 막을 내렸다.

요와 순, 은의 세 인자(仁者)에게 공통된 점은 그들의 행동이 자·효·우·애 등을 대표로 하는 보편적 마음에 기반을 두고 있다는 사실이다. 이 마음은 백성들도 모두 갖추고 있다. 그렇기 때문에 통치자가 이런 착한 마음에 의거하여 내린 명령에 백성들은 기뻐하며 기꺼이 따르게 된다. 반면에 걸과 주는 보편적 마음을 저버리고서 한 몸뚱이 개체로서의 술맛과 여색에 탐닉하고 포악함과 잔학함을 즐기면서 강제로 명령을 내리니, 백성들이 형벌을 두려워하여 명령을 듣기는 하나 마음으로 따를 수는 없는 일이다. 군주 자신은 원칙도 없고 도리도 없이 살면서 백성들에게는 도덕적으로 살라고 명령한다면, 결과적으로 민심은 그 군주에게서 떠날 수밖에 없다.

여기에서 서(恕)의 원리가 등장한다. 위정자는 무엇보다도 우선 자신에게 갖추어져 있는 보편적 자아를 계발해야 한다. 이것이 곧 『대학』의 명명덕(明明德) 공부이고 수신(修身)이다. 서(恕)는 '미루어 적용하는 것'을 의미하며, 성리학 용어로는 '추기급인(推己及人 : 자신을 미루어 남에게 미침)'으로 설명할 수 있다. 이때 말하는 기(己)는 보편적 자아로, 위 인용문에서 "자신의 몸에 갖추어진 것"이란 이 보편적 자아를 가리킨다. 앞서 말한 지은의 효심과 일두 모자의 자·효심은 보편적 자아의 발현이다. 유교의 평천하 이상이 실현되려면 보편적 자아에 의거한 서의 원리가 반드시 적용되어야 한다는 것이 위 인용문의 요지라 하겠다.

유교의 황금률 표현에는 공자의 "자기가 서고자 할 때는 남을 세워 주고, 자기가 뜻을 이루고자 할 때는 남의 뜻이 이루어지게 해 주는 것이다"는 적극적(긍정적) 형태의 것도 있으나, 대부분은 소극적 형태를 띠고 있다. 『대학』의 원문들도 소극적 형태를 취하고 있다. 10장 2절은 혈구지도를 다음과 같이 설명한다.

> 내 윗사람에게 '저렇게 하지 않았으면' 하고서 싫어했던 것을 가지고 내 아랫사람을 부리지 말 것이요, 내 아랫사람에게 싫어했던 것을 가지고 내 윗사람을 섬기지 말 것이요, 내 앞사람에게 싫어했던 것을 가지고 내

뒷사람을 이끌지 말 것이요, 내 뒷사람에게 싫어했던 것을 가지고 내 앞 사람을 따르지 말 것이라. 내 오른쪽 사람에게서 싫어했던 것을 가지고 내 왼쪽 사람과 사귀지 말 것이며, 내 왼쪽 사람에게서 싫어했던 것을 가지고 오른쪽 사람을 사귀지 말라. 이것이 이른바 혈구지도라는 것이다(10-2).

구(矩)는 각도나 길이를 재는 도구로서의 자이고, 혈(絜)은 잰다는 뜻이다. 따라서 혈구는 자를 가지고 잰다는 뜻으로, 여기서 말하는 자는 보편적 자아를 가리키는 것으로 이해하면 된다. 흔한 말로 양심 또는 도덕심이라 말해도 되겠다.

위 인용문은 전형적인 '~하지 마라'의 형식을 취하고 있다. 일반적으로 황금률은 교육 효과가 높은 윤리 지침으로서 가치를 갖고 또 꼭 필요한 윤리 지침이기는 하나, 세밀하게 검토하면 많은 문제점이 내포되어 있음을 알게 된다. 예를 들면 자존심이 대단히 센 사람은 남의 도움 받는 것을 거절할 수 있는데, 이때 "남들이 나에게 해주기를 바라는 대로 남에게 대하라"는 원리가 적용되면 자존심이 센 사람은 남을 돕지 않아야 한다는 결론이 나온다. 내가 고기 반찬을 좋아한다고 해서 남들이 나에게 육식을 권장했으면 하는 원리에 따라 스님에게 육식만을 대접한다면 온당한 행위가 아니다.

유학에서의 황금률은 최소한 다음 두 가지 조건이 충족될 때에만 유효하다. 첫째, 유학에서의 황금률은 철저히 윤리도덕의 범주 안에서만 적용된다. 도덕 판단 및 도덕 행위와 상관이 없는 것들에는 적용되지 않는다. 구체적으로 말하면, 사회 구성원들 간의 자·

효·우·애 등과 같은 윤리 덕목 및 행위에 적용된다. 채식을 선호하느냐, 육식을 선호하느냐와 같은 기호나 생리적 성향 등에 서(恕)나 혈구지도를 적용하는 것은 무의미하다.

둘째, 유학의 황금률은 보편적 자아의 존재를 전제로 한다. 인간의 의식 세계는 이중 구조로 되어 있고, 그 가운데 개체적 자아가 아닌 보편적 자아의 동일성을 전제로 세워지는 것이 유학의 서와 혈구지도다. 이것은 인성론(人性論)에서 누구나 선한 본성을 선천적으로 갖고 태어난다는 성선설과 통하는 구조라 할 수 있다. 다시 말해 누구나 공통적으로 착한 본성을 갖고 있다는 보편성이 확보된 위에서 유학의 황금률은 설정되는 것이다. 그리고 이것을 기초로 하여 위정자가 자신의 마음을 미루어 아랫사람과 백성들을 대하면 이상적 정치가 가능하다는 혈구지도를 말하는 것이다. 10장 1절은 이 점을 명료하게 밝히고 있다.

> 이른바 '천하를 화평하게 하려면 자신의 나라를 다스리는 데 있다'고 하는 것의 의미는 다음과 같다. 통치자가 노인을 어른으로 모시면 백성들 사이에서 효도의 미풍이 일어나고, 통치자가 인생의 선배를 선배로 예우하면 백성들 사이에서 선배 공경의 미풍이 일어나며, 통치자가 고아들을 돌보아 구휼하면 백성들이 배반하지 않는다. 그러므로 통치자는 자신의 마음을 미루어서 남의 마음을 헤아리는 '혈구지도(혈구의 도리)'를 갖추고 있어야 한다(10-1).

일개 제후국의 왕이었던 문왕·무왕이 상 왕조를 정벌하고 천자의 지위에 오른 것은 제후국을 잘 다스렸기 때문이다. 잘 다스렸다는 것은 덕치를 뜻한다. 문왕과 무왕은 위정자로서 나라를 다스릴 때 사람이면 누구나 갖추고 있는 보편적 마음인 가족 감정을 적용하여 나라의 노인들을 대할 때면 부모를 섬기는 마음을 응용하였고, 사회의 선배들에 대해서는 형을 공경하는 마음으로 예우하였으며, 자기 아이들을 사랑하는 마음으로 나라의 고아들을 구휼하였다. 이렇게 해서 나라 전체가 강하고 힘있는 조직으로 결속되어, 마침내 평천하를 이루어 주 왕조를 열었던 것이다.

『대학』 후반부는 혈구지도의 원리에 의거한 내용이 연이어 서술되어 있다. 10장 3절을 예로 들어 보자.

> 『시경』「남산유대」 시에 이렇게 읊고 있다.
> "얼마나 즐거운가, 통치자여!
> 백성의 부모로다."
> 통치자가 백성들이 좋아하는 것을 좋아하고 백성들이 싫어하는 것을 싫어하니, 이것을 두고 '백성의 부모'라고 말한 것이다(10-3).

군주가 밤낮으로 주색에 빠져 국정을 그르칠 때, 백성들이 좋아할 리 없다. 땀흘려 지은 농사가 풍년이 들었을 때 농부들이 기뻐하는 것처럼 임금이 같이 기뻐할 줄 안다면, 그런 임금은 보편적 자아를 충분히 계발한 군주라 할 것이다.

친민인가 신민인가

4. 친민인가 신민인가

우리나라 중·고등학교 교육에서 1990년대를 거치면서 크게 달라진 것 중 하나가 중·고생들이 학교 울타리 밖에서 봉사 활동을 하는 것이 필수 요건으로 되었다는 것이다. 잘 알고 있듯이, 1980년대까지의 중·고생들은 될수록 가정과 학교의 굴레 밖에서는 얼굴을 보이지 않는 것이 모범적인 행동이었다. 부모님도, 학교 선생님도 오직 공부만 하는 것을 최선으로 여겼다. 우리나라 교육의 밑그림인 교육학이나 교육 철학상의 강령이 어떻게 되어 있든 중요한 것은 대학 입시이고, 이것을 위해 유일하게 성패가 달린 사안은 필기시험 성적이었다. 물론 아직도 중·고생에게는 대학 입시가 학교 생활의 목표인 것처럼 되어 있기는 하나, 학교 울타리 밖에서의 봉사 활동이 중·고등학교 교육에서 필수적으로 된 점은 큰 변화라 할 수 있다.

　중·고생들이 동사무소나 양로원 등의 사회 기관에서 일정 시간 이상 봉사 활동 하는 것을 교육 평가의 한 기준으로 삼는 교육철학은 미국 교육의 영향인 것으로 보인다. 미국에서 실제로 있었던 사례를 한 가지 들면, 어느 한국계 학생이 대학 입학의 중요한 근거가 되는 시험에서 만점을 받고도 어느 명문 대학에 불합격된 일이 있었다. 이 일을 두고 일부 교민들은 소수 민족에 대한 차별 아니냐 하여 불만을 나타내기도 했지만, 필기시험에 만점을 받고도 입학 시험에 떨어진 그 학생의 결격 사유는 봉사 활동을 한 일이 거의 없다는 것이었다.

교육과정에서의 봉사 활동제는 자칫 우리나라와 같은 상황에서는 학생이 봉사 활동을 하지 않고서도 부모가 나서서 연줄로 도장을 받아 내는 일과 같은 병폐를 낳을 수 있으나, 현재 실행되고 있는 중·고교 봉사 활동제는 입시 지옥의 폐단을 극복하려는 노력의 일환으로 나온 것으로 보인다. 이것은 또한 대학 교육과 사회 봉사의 연계성을 중시하는 미국 대학의 전통과 통하는 점이 많다.

사실 지금으로부터 불과 100여 년 전까지만 해도 우리나라 지식인들은 자신들이 닦는 학문이 사회에 반드시 유용하게 쓰여야 한다는 것을 아주 당연한 일로 여겼다. 유가 철학자가 걷는 길에 혼자서만 도(道)를 즐긴다는 것은 허용될 수 없는 일이었다. 『대학』의 강령이 그러했기 때문이다.

친민설과 신민설

『대학』 개정본을 처음 냈던 정씨 형제 중 형인 정명도는 『고본대학』의 "재친민(在親民)"을 그대로 읽었다. 반면에 동생인 정이천은 "재친민"을 "재신민(在新民)"으로 고쳐 읽었다. "재친민의 '친' 자는 마땅히 '신' 자로 고쳐 읽어야 한다"고 정이천은 주장하였다. 주자는 정이

천의 견해에 동의하였고, 이후 동아시아의 정신문화에서 『대학』 개정본의 표준판이 된 주자의 『대학집주』는 일관되게 신민(新民)설을 취하고 있다.

주자학이 관학으로 채택되고 주자학을 지지하는 학자들이 동아시아의 전통 학계를 주도했기 때문에, 이와 같이 『고본대학』의 원문을 고쳐 읽는 것이 지식인 사회를 흔들 만큼 파장을 일으킨 일은 거의 없다. 그러나 『대학』의 연구사라는 관점에서 볼 때는 이 '친민이냐 신민이냐'의 이해 차이는 줄기차게 논란이 되어 왔다. 무엇보다도 경전의 글자를 고쳐 읽은 것이 시비의 빌미를 제공하였다. 『고본대학』의 "재친민"이 옳다고 주장한 학자로는 왕양명과 다산을 대표적으로 들 수 있다. 주자의 이해부터 살펴보기로 하자.

주자는 『대학』 원문의 "재친민"을 대학 공부를 한 선각자가 '가르쳐서 깨우쳐 준다'는 구조로 이해하고서 "재신민"으로 글자를 정정하였다. 간단하게 말하자면, 지도층 자제들이 대학 공부를 통해 먼저 자신의 밝은 덕을 계발하고, 그 뒤에 이것을 근거로 하여 백성들로 하여금 그들도 선천적으로 다 갖추고 있는 밝은 덕을 계발하게 한다는 것이 『대학』 공부에 대한 주자의 이상이다. 『대학집주』의 서문에 해당하는 「대학장구서」에서 주자는 이렇게 말한다.

본래 하늘이 사람을 낸 이래로 인의예지의 본성을 부여받지 않은 사람은 한 사람도 없다. 그러나 그들이 품부받은 기질에서는 같을 수가 없다. 이 점 때문에 모든 사람이 다 자신이 인의예지의 본성을 갖고 있음을 알아 온전히 보전하지는 못하는 것이다. 총명함과 예지를 갖고서 그 본성을 다 드러내는 사람이 그들 가운데서 나오기만 하면, 하늘은 반드시 그에게 명하여 만백성의 임금이자 스승으로 삼아 그로 하여금 백성을 다스리고 교화하게 하여 그들의 본성이 회복되게 한다.

이 말에서 분명하게 드러나듯이, 주자의 신민설은 지식인층의 위정자들이 먼저 밝은 덕을 계발한 뒤에 직접 백성들을 대상으로 교화를 하여 그들로 하여금 밝은 덕을 계발하게 하는 구조를 취한다. 소설 『상록수』의 주인공들처럼, 칠판 걸고서 직접 가르쳐 계몽하려는 실천 방향이다.

주자보다 300여 년 후에 활동한 왕양명은 주자의 신민설이 갖고 있는 이 구조에 근본적으로 반감을 가진 듯하다. "재친민"의 '친'을 '신'으로 바꿀 필요가 없다고 주장하면서, 양명은 오히려 "재친민"이 『대학』의 본의에 맞는다고 주장하였다. 양명은 백성을 가르쳐 교화시킨다는 구조를 거부하고 직접 백성과 한가족이 되어 살아가는 마음에 중심을 두었던 것이다. 따라서 밝은 덕을 계발하는 공부에 있어 먼저 지도층의 학인들이 자신의 밝은 덕을 계발한 후에 다시 백성들로 하여금 각자의 밝은 덕을 계발하게 한다는 식의 선후관계가 없게 되었다.

밝은 덕의 하나인 효를 예로 들어 양명의 입장을 설명하면, '나'의 효심을 남의 부모에게도 미치게 하고 더 나아가 온 천하의 부모들에게 미치게 한 뒤에야 비로소 나에게 본래 주어져 있는 효의 밝은 덕이 완전히 계발된다는 것이다. 양명은 이렇게 말한다.

그래서 "밝은 덕을 계발하는 것[明明德]"은 반드시 '백성을 친히 함'에 달려 있게 되고, 또 '백성을 친히 함'은 밝은 덕을 계발하는 필수적 근거가 되는 것이다. 그러므로 나의 아버지에게 친히 하는 것을 남의 아버지에게도 미치게 하고, 나아가 온 천하 사람들의 아버지에게도 미치게 한 뒤에야 비로소 나의 인(仁)은 실제상으로 나의 아버지와 남의 아버지와 온 천하의 아버지들과 동체(同體)임이 깨달아지는 것이다. 실제상으로 그들과 동체임을 깨달은 후에야 효라는 밝은 덕은 비로소 계발된 것이 된다(「대학문」).

여기서 양명이 말하는 나의 아버지에게 친히 대하는 것을 온 천하의 아버지들에게도 미치게 한다는 말을 나의 아버지와 남의 아버지 구분 없이 내가 이집 저집 돌아다니면서 세상의 부모들을 나의 부모처럼 모신다는 의미로 이해하면 곤란하다. 유가에서는 아무리 나의 부모를 모시는 마음으로 세상의 부모들을 대한다 하더라도, 나의 부모와 남의 부모를 구별하는 것은 필수적이다. 나의 부모상에 3년복으로 장례를 치른다 해서 이웃집 부모의 상에 나도 3년상을 치를 수는 없는 일이다. 양명이 여기서 말하고 있는 것은 공부의 문제다. 양명의 위 말은 세상의 부모들을 나의 부모를 대하는 마음으로 대하는 실천 과정에서 효라는 나의 밝은 덕이 비로소 충분히 계발된다는 점을 말하는 것이다.

효심의 밝은 덕은 누구나 갖추고 있다. 양명에 따르면, 다만 우리 육신과 감각기관의 사적(私的)인 작용에 의해 '나'와 '너'의 분별에 빠지다가 이 마음을 놓치게 되거나 약해지게 될 뿐이다. 이런 사람을 양명은 소인(小人)으로 규정하면서, 대인(大人)이란 백성들과 한가족으로서의 공동체 의식을 갖고서 행동하는 사람이요, 바로 이런 사람이 『대학』의 이념을 실천하는 사람이라고 말한다. 관직을 맡은 사람이나 지도층 인사가 백성들을 가르쳐 교화한다는 구조를 근본적으로 거부하는 입장이라 할 수 있다.

양명의 친민 이해는 1970년대의 노동운동가들처럼 직접 산업 현장에 들어가 근로자들과 함께 동고동락하면서 자신들의 이상을 실현하려는 실천 방향과 통하는 것으로 보면 되겠다. 요즈음 우리 사회에서 종교계의 몇몇 훌륭한 인격들이 고통받는 사람들이나 어려운 처지의 사람들과 한데 어울려 슬픔과 기쁨을 같이하는 선행도 이런 방향에 속한다 할 것이다.

다산의 친민 해석은 주자의 신민설과 양명의 친민설을 다 포괄할 수 있는 장점을 갖는 것으로 평가할 수 있다.

다산에 따르면, 훌륭한 위정자는 스스로 효·제·자를 실천하면서 동시에 그가 다스리는 백성들 또한 생활 중에서 효·제·자를 가장 중요한 것으로 여기게끔 인도하는 사람이다. 예컨대 고대의 훌륭한 임금인 요 임금은 "효도·우애·자애의 덕을 충분하게 계발함으로써 수신 공부를 철저히 이루고 실천하였기에 집안이 가지런해지고, 마침내 온 세상이 화평하게 되었던 것이다"라고 다산은 말한다.

다산은 『대학』의 친민을 집권자인 군주 자신이 효·제·자의 예법을 잘 실천하고 효·제·자를 국가 운용에 있어 일종의 국시로 삼음으로써 백성들이 효·제·자의 기풍에 의거하여 서로 친목하게 하는 것이라 이해하였다.

다산은 주자의 신민설에 반대하고 『고본대학』의 '친민'을 지지하나, 왕양명과는 다르게 이해한다. 양명은 백성과는 관계없이 『대학』 공부를 하는 사람의 마음이 온 세상 사람들을 자신의 가족처럼 대하는 경지에 오르는 것을 친민으로 이해한 반면, 다산은 백성들끼리 서로 화목한 것, 또는 백성들끼리 서로 친하게 살도록 하는 것을 친민으로 이해하였다. 다산은 이렇게 말한다.

> 백성을 가르치되 효도로써 한다면 백성의 아들 된 사람은 그 아버지에게 친애할 것이며, 백성을 가르치되 제(弟 : 윗형제에 대한 공경. 悌의 옛 글자)로써 한다면 백성의 아우 된 사람은 그 형에게 친애할 것이요, 백성의 어린이 된 사람은 그 어른에게 친애할 것이며, 백성을 가르치되 자애로써 한다면 백성의 아비 된 사람은 그 아들에게 친애할 것이요, 백성의 어른 된 사람은 그의 어린이에게 친애할 것이다.
>
> ─── 教民以孝則民之爲子者親於其父, 教民以弟則民之爲弟者親於其兄, 民之爲幼者親於其長, 教民以慈則民於爲父者親於其子, 民之爲長者親於其幼.

다산의 말에 백성들을 '가르치다〔敎〕'는 표현이 들어 있긴 하나, 그 의미는 '모범을 보이다', 또는 효·제·자를 삶에서 가장 중요한 것으로 여기게끔 '인도하다'이다. 다산은 밝은 덕을 계발하는 공부에 있어 적극적으로 백성을 교화의 대상으로 삼는 주자의 관점에는 동의하지 않는다. 이 점에서는 다산과 양명이 같은 입장을 취한다. 다산은 "〔위정자로서〕 내가 지극히 선하게 살면 백성들이 나를 따라 지극히 선하게 사는 것이지, 백성들이 지극히 선하게 사는 것을 내가 억지로 시킬 수 있는 것은 아니"라고 말한다.

밝은 덕의 계발과 신민의 선후 관계

"친민(親民)"을 "신민(新民)"으로 고쳐 읽은 예와 같이 원문의 글자를 고쳐 읽는 경우는 말할 것도 없고, 동일한 원문에 대해서도 특히 『대학』의 경우에는 해석자의 철학적 입장에 따라 이해에 많은 차이를 보여 왔다. 예를 두 가지 들어 보자.

우리나라 말로 '밝은 덕'이라 번역되고 있는 명덕(明德)에 대해서 주자와 양명과 다산은 각기 다르게 설명한다. 이 차이는 단순히 원문을 독해하는 과정에서 일어날 수 있는 이해상의 사소한 차이에서 비롯된 것이 아니라, 각 철학자가 해석자로서 서 있는 지평(horizon)의 차이에서 비롯된 것이다. 다시 말해, 주자와 양명과 다산이 각자 자신의 유학 사상을 다르게 세운 데 따른 결과라 할 수 있다.

주자는 밝은 덕을 "사람이 하늘로부터 부여받은 것으로 크고 영묘하고 어둡지 않으며, 모든 이(理)를 갖추고서 그 어떤 일이라도 그것의 표준을 제시하는 것", "하늘로부터 부여받은 것으로 빛나고 밝고 바르고 큰 것"이라 해석한다. 표현이 추상적이라서 곧바로 이해가 되지는 않는다. 우선은, 효심이나 자애심과 같은 구체적인 도덕 의식을 일으키는 우리 내면의 모종의 역량을 주자는 밝은 덕으로 이해하고 있는 것으로 보면 될 것이다. 주자의 이러한 해석은 그 역량의 근원으로 형이상(形而上, metaphysical)의 실재(reality)인 이(理)를 긍정한 위에서 나온다. 중요한 것은 효도(孝)나 자애(慈)와 같은 구체적인 덕 또는 도덕 의식을 밝은 덕으로 보는 것이 아니라, 이것들의 원천이 되는 이면의 무엇을 밝은 덕으로 본다는 점이다.

왕양명은 주자와는 이학(理學)이라는 공통분모를 갖고 있으면서도 주자와는 합치될 수 없는 해석을 내놓았다. 형이상의 실재인 이(理)를 긍정하고서 인간의 내면에 성(性)으로 내재하는 이(理)를 밝은 덕의 실체로 보는 점에서는 양명학과 주자학 간에 차이가 없다. 차이가 나는 점은 주자가 그 형이상의 실재인 성을 착한 마음, 즉 도덕심의 '근거'로만 간주하는 데 비해, 양명은 도덕심을 그 성리(性理)의 직접적인 활동으로 간주하는 데 있다. 주자학에서는 착한 마음[心]과 그 형이상의 근거인 성이 각각 독립적인 것으로 간주되는 데[心性爲二] 비해, 양명학에서는 심과 성의 관계가 비유컨대 파도와 바닷물의 관계처럼 동체(同體)로 간주된다. 파도란 바닷물의 움직임을 말하고, 바닷물의 움직임을 파도라 일컫듯이, 심은 성의 움직임이라는 것이 양명학이다[心性爲一, 心性同體]. 왕양명은 이 심성동체의 밝은 덕을 흔히 "양지 본체(良知本體)"라는 용어로 지칭하곤 한다.

밝은 덕에 대한 왕양명의 이해는 세계의 인류를 한가족처럼 여기고 국가를 한 몸으로 간주하는 마음을 강조하는 점에 특색이 있다. 세상의 모든 생명체를 말 그대로 '일심동체(一心同體)'로 간주하면서 인(仁)의 마음을 강조하는 양명의 이해는 한편으로는 눈길을 끄는 점이면서 다른 한편으로는 유의할 점이 있다. 왜냐하면 양명의 이러한 사고 경향은 세계와 국가를 마치 혈관이 연결되어 있는 하나의 생명체로 보는, 일종의 온 세상 한가족주의와 통하는 것처럼 볼 수도 있기 때문이다.

양명이 묵가처럼 나의 부모와 남의 부모를 실질상으로 분별하지 않는, 온 세상 한가족주의를 추구했던 것은 결코 아니다. 유교는 나의 가족과 타인의 가족을 분별하지 않는 온 세상 한가족주의는 아니다. 그러한 마음을 키우고 유지하면서 공무를 수행하자는 것이지, 인간 관계에서의 삼촌, 사촌, 오촌 등의 친소(親疎) 관계를 부정하자는 것은 아니다. 세상의 모든 생명체를 일심동체로 간주하는 관념은 양명만의 독창적인 것이 아니라 모든 유가에 공통된 것이다.

양명의 이러한 발언들이 주안점을 두고 있는 것은 공부(수양)의 문제다. 가장 간략하게 말한다면, 주자처럼 착한 마음과 그 형이상의 근거인 성을 분리시키고서 심(착한 마음)의 활동을 잘 유도하여 최후에 성에 조금도 어긋나지 않는 심의 활동이 되도록 한다는 방향이어서는 현실에서의 도덕 가치의 실현이 어느 세월에 이루어지겠느냐는 것이다. 이 점에서는 양명학처럼 심을 곧바로 성의 활동으로 보면, 점진적이고 단계적인 과정이 생략될 수 있다(주자학은 주자학대로의 목적과 강점을 갖고 있기 때문에 이처럼 "생략될 수 있다"는 식의 일방적 서술을 하는 것은 바람직하지 않다. 여기서는 단지 이해의 편의를 위해 이렇게 서술할 뿐이다). 양명학이 갖는 강점의 한 가지가 여기에서 확보된다. 심과 성을 각각 독립된 개념으로 설정하지 않고 동체(同體)로 보는 양명학에서는 밝은 덕이 주자학의 경우에 비해 훨씬 더 적극적·역동적(active)이다. 공부론의 구조를 비교하여 말할 때 주자학이 심이 성에 의거하여 모종의 수렴 과정을 거쳐야 하는 구조라면, 양명학에서는 이 과정이 없이 즉각적으로 그 심을 실천하기만 하면 되는 구조인 것이다.

결론적으로, 밝은 덕이란 무엇인가에 있어서는 철학상의 구조 면에서 주자와 양명 간에 큰 차이가 없다. 둘 다 형이상의 실재인 이(理)를 긍정하고서 성·리(性·理)에 밝은 덕의 연원을 둔다. 단지 밝은 덕을 계발하는 공부의 면에서 상대적으로 양명의 해석이 더 적극적·역동적이라는 차이가 있을 뿐이다.

다산은 주자나 양명과는 철학상으로 전혀 다른 입장에서 『대학』의 밝은 덕을 이해한다. 『대학』이 말하는 밝은 덕을 다산은 효도〔孝〕와 공경〔悌〕과 자애〔慈〕로 말하면서, 주자나 양명처럼 밝은 덕을 추상화하여 '마음속에 있는 무엇'으로 간주하는 것에 강력하게 반대한다. 기본적으로 '大學(태학)'을 고대의 교육기관으로 보는 다산은 "고대의 태학에서 집권 세력의 후계자들을 가르치던 교육 내용과 이들이 백성들을 보살폈던 정치 내용에서 효도·공경·자애, 이 세 가지 것 외에 다른 것은 없었다"고 단언한다. 『대학』에서 말하는 "밝은 덕"은 효녀 지은의 효도나 일두 모친의 자애와 같은 구체적인 덕목을 가리키며, 그 범위도 효도와 공경과 자애의 세 가지라고 다산은 확정지어 말한다.

우리는 이 책에서 효(孝)·제(悌)·자(慈)에 우(友)를 덧붙여 자·효·우·제를 명덕의 구체적이고 대표적인 내용으로 말하고 있다. 주자와 양명이 명덕을 자·효·우·제와 같은 구체적 덕목들의 근원이 되는 형이상의 무엇으로서 설명하고 있으나, 명덕을 형이상의 실재로 설명하든 성(性)이나 양지 본체로 설명하든 결국 그 형이상의 것이 현실 세계에서 구체화된 것들의 대표적 사례는 자·효·

우·제 외의 다른 것이 될 수 없다. 다산은 이 구체적인 덕목들 중 효·제·자의 세 가지가 본래 『대학』에서 말하는 "밝은 덕[明德]"의 내용이었다고 본 반면, 주자학파와 양명학파의 학자들은 이들 덕목의 형이상의 연원으로 이(理)의 존재를 전제한 위에서 "밝은 덕"을 해명하였다는 커다란 차이가 있다.

우리는 이 책에서 "밝은 덕"의 구체적 내용으로 자·효·우·제를 들고서, 그 구체적 사례로 효녀 지은의 효심과 일두 모자의 자·효심을 연결지어 이해해 오고 있다.

다른 한 가지 예는 명명덕과 신민(친민)의 관계 문제다. 명명덕과 신민의 선후 관계에 대한 주자와 왕양명과 다산의 입장은 각기 다르다. 주자의 경우, 명명덕이 먼저이고 신민이 나중이다. 먼저 나의 명덕을 계발한 후에 다른 사람들의 명덕도 계발해 주는 것이 신민이다. 이에 반해 양명은 거꾸로 본다. 나의 명덕이 계발되는 것은 반드시 친민의 과정을 통해서만이 가능하다는 것이 양명의 해석이다. 내 안의 효라는 명덕은 반드시 남의 부모에게도 나의 부모에게처럼 효도하는 마음으로 대할 때 비로소 계발[明]될 수 있다는 것이다. 양명은 "임금과 신하, 남편과 아내, 친구, 산과 내, 귀신, 새와 짐승, 초목까지도 진실로 친히 하여 나와 하나가 되는 인(仁)의 경지에 이른 후에야 나의 명덕은 비로소 완전히 계발된 것이고, 진정으로 천지만물과 하나가 되는 것이다"고 말한다. 양명의 해석에서는 친민이 명명덕의 조건이 되는 셈이다. 양명에 따르면, 현장에서 직접 백성들을 대하면서 나의 가족을 대하는 마음으로 그들을 대하는 마음을 키우고 단단하게 하는 과정을 통해서만 비로소 나의 밝은 덕은 계발된다. 주자와 왕양명 간의 근본적인 차이는 주자가 '나의' 밝은 덕과 '백성들의' 밝은 덕을 구분하여 논하는 데 비하여, 양명은 '나의' 밝은 덕만을 대상으로 하고 '백성들의' 밝은 덕에 대해서는 논외로 하는 점에 있다.

다산의 해석에서는 밝은 덕의 계발과 친민의 선후 관계가 별로 중요하지 않다. 군주가 효·제·자의 밝은 덕을 계발하는 것 자체가 곧 백성들을 효·제·자로 이끄는 친민의 실천이며, 백성들을 친애하는 근거가 곧 효·제·자이기 때문이다. 다산이 일부러 절충적 입장을 취했던 것은 아니지만, 오늘날의 관점에서 말한다면 밝은 덕의 계발과 친민의 선후 관계에 관해서는 다산이 결과적으로 주자와 왕양명의 관점을 절충한 것이라고 말할 수도 있다. 이것은 우리의 이해를 돕기 위해 말한다면 이렇게 말할 수 있다는 것이지, 결코 다산이 실제로 주자학과 양명학을 절충하는 입장을 취했던 것은 아니다.

『대학』의 의미 해석 및 개정본에 대한 논란은 『대학』이 경전으로 추대된 송대에 시작되었고, 그 학술적 시비의 역사는 아직도 끝나지 않았다. 그것들을 하나하나 언급하고 비교하기란 끝이 없는 일일뿐더러, 전문 연구가가 아닌 한 별 의미도 없다. 우리는 각 해석자의 철학적 입장에 따른 견해 차이에도 불구하고, 그 모든 해석에 공통된 점을 놓치지 않는 데 유의하자.

『대학』의 신민(친민) 개념을 누가 어떻게 해석하든 간에, 모든 해석자에게 공통된 관념은 공자가 말한 "수기이안백성(修己以安百姓)"이다. 대학 공부를 하는 사람들은 공부의 성과로서 반드시 백성들에게 도움이 되는 활동을 해야 한다는 것이다. 이 점이 동아시아 전통의 대학 공부가 갖는 독특하고 의미 깊은 점이다. 『논어』「헌문」편에 공자와 자로의 다음 대화가 있다.

> 자로가 군자에 대하여 여쭙자, 선생님(공자)께서 말씀하셨다.
> "경(敬)으로써 자신을 닦는 것〔修己〕이다."
> "그렇게만 하면 됩니까?"
> "자신을 닦아 사람들을 편안하게 해주어야 한다."
> "그렇게만 하면 됩니까?"
> "자신을 닦아 백성들을 편안하게 해주어야 한다. 자신을 닦아 백성들을 편안하게 해주는 일은 요 임금과 순 임금도 오히려 어렵게 여긴 일이다"
> (「헌문」, 45장).

여기서 말하는 수기(修己)를 우리는 보편적 자아의 회복으로 이해하면 된다. '자신을 닦는 것'을 뜻하는 수기를 『대학』에서는 수신(修身)이라 부른다. 수신의 목표는 밝은 덕의 충분한 계발이고, 그 주요 내용은 '나'의 의식 세계를 인간의 두 마음 중 지은의 효심이나 일두 모자의 자·효심과 같은 착한 마음으로 가득 채우는 것이다. 이 착한 마음은 모든 사람에게 공통적으로 갖추어져 있다. 유가 철학에 따르면, 자·효의 착한 마음을 갖추고 있지 않은 사람은 없다. 각 개인의 자아는 이와 같이 착한 마음의 자아와, 예컨대 자신의 몸을 편하게 하려는 개체적(특수의) 자아의 이중 구조(bi-level)로 되어 있다. 이때 전자를 보편적 자아라 부를 수 있다. 선천적으로 누구에게나 갖추어져 있는 보편적 자아를 회복하는 것이 바로 수신이다. 『대학』은 수신의 구체적 절차로 격물(格物)·치지(致知)·성의(誠意)·정심(正心) 네 가지를 열거한다. 이 네 가지에 관해서는 다음 장에서 살펴보기로 하고, 우리에게 중요한 것은 유가 철학에서는 수신의 목표를 언제나 친민(신민)에 둔다는 점이다. 이것을 공자는 일찍이 "수기이안백성(修己以安百姓)"이라 천명하였던 것이다.

위의 대화에서 공자는 수신의 과정을 거쳐 보편심을 회복한 뒤, 이 마음으로 백성들의 생활이 안정되고 편안해지도록 하는 일에 기여해야 한다는 사회 봉사의 취지를 분명히 밝히고 있다. 그리고 공자는 이 과업을 제대로 수행하기란 지극히 어려운 일이어서 요 임금이나 순 임금 같은 성인 왕들조차도 오히려 부족함이 있다고 여긴 일이라 말함으로써, 성격이 충직하고 단순한 자로에게 이 과업의 어려움을 주지시키고 있다.

『대학』 전체의 문장에는 다음 두 가지 취지가 일관되게 흐르고 있다. 첫째는, 모든 위정자의 공직 활동은 수신에 기반을 두어야 한다는 것이다. 그 구체적인 절차로 『대학』은 격물-치지-성의-정심을 비롯한 8조목을 제시하고, 수신의 구체적 내용으로 밝은 덕의 계발을 제시하고 있다. 『대학』의 전체 문맥으로 보나, 유교의 이념으로 보나 밝은 덕을 대표하는 것은 자·효·우·제 등의 가족 감정이다.

둘째는, 최고 학부에서 시행되는 고등교육의 수혜자들은 반드시 자신이 대학 공부를 통해 쌓은 성취를 백성들에게 베풀어야 한다는 것이다. 오늘날의 용어로 말하면, 사회 봉사 내지는 사회 참여가 필수적이다. 『대학』의 신민(新民)이 함의하는 가장 긴요한 의미는 이것이다.

사회 구성원에 대한 기본 교육인 소학 교육의 수혜자는 살아가면서 재물이나 권력을 탐할 수 있다. 사회를 위해 재물욕을 절제하는 것이나 사회를 위해 봉사해야 한다는 것이 그들에게 의무가 되지는 않았다고 말할 수 있다. 반면에 『대학』의 본지에 따르면, 대학 공부를 한 사람은 그가 닦은 바를 반드시 사회의 보통 사람들을 위하여 활용해야만 한다. 공자에 의해 일찍이 "수기이안백성(修己以安百姓)"으로 정초되었고, 특히 송대 이후로 신유학의 근저에 자리잡은 이 명제는 동아시아의 학문 전통이 유럽의 학문 전통이나 인도의 학문 전통과 근본적으로 달리하는 점을 함축하고 있다. 이 점을 알아보기로 하자.

필로소피와 신민의 전통

일제 시대의 암울한 역사와 8·15 광복 후 반세기 동안의 우왕좌왕 때문인지, 우리 사회에서는 "내가 왜 이 일을 하고 있는가?"에 대하여 자신의 판단을 가지지 못한 사람들이 의외로 많다. 고생하며 군대 생활을 하고 있는 군인에게 "당신은 왜 이 고생을 하고 있소?"라고 물었을 때, 만약 답변이 "입영 통지서가 나와서 안 올 수 없었다"라면, 우리는 한편으로는 맞는 말이라 인정하면서도 다른 한편으로는 어이없어할 수밖에 없을 것이다. 그러나 많은 사람들이 그런 식으로 살고 있는 것이 지금 우리 사회의 현실이다.

그러나 만약 대학교 정문에 서서 지나가는 학생을 붙들고 "대학에서 하는 일이 뭐요?"라고 물었을 때, 답변이 "사람들이 다 고등학교 졸업하면 대학 가야 하는 것으로 알고 있더라. 그래서 나도 다니고 있다"라면, 우리는 상황을 좀 심각하게 보아야 할 것이다. 대학에서 하는 일의 성격이 무엇인지도 모르면서 그 많은 재원이 투자되고 그 많은 청춘이 기력 낭비를 하고 있다면, 그것은 사회적인 문제가 아닐 수 없다.

　장구한 역사를 갖는 유럽의 학술 문화 전통에서 최고의 지성인들이 닦는 큰 학문은 필로소피(philosophy)였다. 필로소피란 사전적 의미로는 '철학'이지만, 이것은 후대에 학문들이 분과하면서 나온 결과이고 고대에는 학문을 뜻했다고 보아야 하며, 그 본래의 의미는 '지식 그 자체의 완성을 추구하는 활동'이라 할 수 있다. 서양 철학 입문 시간에 꼭 등장하는 "필로소피는 필로소피아에서 왔습니다. 필로소피아는 '사랑하다'는 의미의 동사, 필로(philo)와 '지혜'를 뜻하는 소피아(sophia)가 결합된 것입니다. 그러므로 철학의 본래 의미는 '지혜를 사랑하다'입니다"는 설명은 이것을 말해 준다. 여기서 말하는 지혜는 예컨대 솔로몬의 지혜나 조선조 이항복의 기지와 같은 그런 것을 가리키는 것이 아니라, 체계를 갖춘 이론으로서의 지식(knowledge)을 가리킨다.

　물음(question)이나 그 물음에 대한 이론적 탐구 중에 부딪친 문제(problem)를 붙들고 만족할 만한 답이 나올 때까지 끝까지 캐는 작업이 유럽 문화권에서의 큰 학문이다. 그 소산물이 구미의 논리학이고 윤리학이고 과학이다. 서양 철학의 역사에서 지식 성립의 근간을 다루는 분야인 인식론이 발달하고 중요시되어 온 연유도 여기에 있을 것이다. 동아시아 전통에서의 큰 학문과 비교하여 말할 때, 서양의 필로소피 전통이 갖는 중요한 특색은 큰 학문의 작업이 사회 구성원들의 삶과 직접적인 관련을 갖지 않는다는 점이다.

혹자는 근대 과학의 성과야말로 인류 역사를 바꿔 놓은 성취가 아닌가 하고 반문할 수 있겠으나, 그것은 그 성과의 응용에서 나온 것이지 근대 과학 자체가 인류의 물질적 삶을 풍요롭게 하려는 목적을 가지고 있었던 것은 아니며, 근대 과학 자체는 인류의 생활에 별 도움이 안 되는 것으로 필자는 본다. 비유를 하자면, 발명가와 발명가의 발명품을 상품으로 만들어 돈을 버는 사업가는 서로 별개라는 이야기다. 실효성으로 말한다면, 서양의 철학자와 과학자는 발명가보다도 못하다. 왜냐하면 발명가는 대개 생활의 불편함이 동기가 되어 아이디어를 계발하지만, 서양의 큰 학문을 하는 학자들은 이런 동기를 거의 갖지 않기 때문이다. 그들에게 가장 중요한 동기라면 그 분야 지식의 완성에 일조하겠다는 것이다.

그 분야 지식의 완성에 목적을 두다 보니 학자들 사이의 토론과 논의가 '당신의 주장은 틀렸다'는 식의 적대적인 논쟁으로 전개되는 일이 흔히 일어난다. 다른 문화권 사람들이 볼 때는 좀 이상하게 보일 수도 있다. 그래서 다음과 같은 평론도 나오는 것이다.

> 서양 철학은 적대적인 논쟁을 매개로 하여 진보해 왔다. …… 이것은 토론과 논쟁을 재미있고 야단스럽게 만들어 준다. 무시무시한 두 권투 선수가 지적인 스파링에 몰두할 때, 나머지 사람들은 철학적 간행물의 주위에 운집하여 흥분 가운데 그 난투극을 지켜보는 것이다(이지수 역, 21쪽).

이러한 필로소피 정신이 결과적으로 근대 문명을 낳았고, 근대 이후 구미의 문명이 전세계를 주도하는 판도를 가져왔으므로, 그리고 지금 전세계의 주요 대학에서 학자들이 종사하고 있는 일이 기본적으로 필로소피 작업이므로, 구미의 이러한 학문 전통과 정신은 충분히 긍정되어야 한다. 다만 구미의 큰 학문이 위와 같은 특성을 갖는다는 것은 분명히 파악하고 있어야 하겠다.

지식의 완성을 추구하는 필로소피가 유럽의 큰 학문(대학) 전통에서 근간을 이루어 온 점과 아울러, 다른 한 면으로 그 구체적인 전개에서는 각 나라의 여건에 따라 특색 있는 전통이 형성되어 왔다는 점에도 유의해야 할 것이다. 그 전개 과정을 개괄적으로 살펴보기로 하자.

영어로 유니버시티(university)와 칼리지(college)로 표기되는 고등교육기관으로서의 대학은 중세의 대학에 그 기원을 두고 있다. 서양 중세의 볼로냐 대학이나 파리 대학, 옥스퍼드 대학 등 당시 주도적인 지위를 갖고 있던 대학들은 어느 때는 유럽의 사회 운용에 절대적 권한을 가지고 있던 로마 교황의 보편적 권위가 실추되어 감에 따라, 어느 때는 유럽에 국가화·지방화 바람이 붊에 따라, 또 어느 때는 대학의 운영권이 가톨릭에서 국가로 예속됨에 따라 흔들리기도 하고, 쇠퇴하기도 하고, 또 견실하게 발전하기도 하였다.

19세기에 이르러 독일 대학이 갑자기 유럽 학문의 중심이자 최고봉의 지위에 올랐다. 독일 대학이 이렇게 성장하게 된 배경에는 상아탑의 울타리 안에서 이루어지는 연구는 종교계·정치계 등 그 어떠한 외부 세력으로부터도 간섭받지 않고 눈치 보지 않는 상아탑의 독립성이 보장되어야 한다는, 이른바 '학문의 자유' 이념이 정권과 국민과 학자들 사이에 공감대로 자리잡았기 때문이다. 비록 그 이면의 정치·사회적 구조에는 "국가에 의해 비호된", "위로부터의 개혁"이었던 면이 있기는 했지만(이광주, 408쪽), 이러한 완전한 학문의 자유로부터 '큰 학문'을 수행한 19세기의 독일 대학인들은 분야별로 최고봉의 수준에 이르기 위해 매진하면서, 세계와 그들이 이념상 추구한 문화국가(Kulturstaat)에 대한 책임 의식을 발휘하였다.

19세기 초엽에 시작되어 후반에 절정에 이른 미국의 독일 유학생들은 귀국 후 자연스럽게 독일 대학의 이러한 학풍을 미국에 이식하게 되었다. 그리하여 대학의 주요 목적은 '학생을 가르치는 것'이라는 이념 하에 운용되어 오던 기존의 미국 대학들은 당연히 독일풍의 대학관(大學觀)을 맞아 이러저러한 시도를 하지 않을 수 없었다. 신흥 공업을 배경으로 한 하버드 대학과 농업을 배경으로 한 예일 대학이 변화하는 시대 여건에 부응하여 커리큘럼(교과과정) 쇄신에 앞장섰고, 대학의 경영에서도 서서히 근본적인 변화를 시도하였다(潮木守一, 103쪽). 이런 쇄신의 연장선상에서 1874년에 유럽 대학에 없는 최초의 대학원 대학으로서 존스 홉킨스 대학이 설립되었고, '사회 봉사'라는 미국 대학 특유의 전통이 세워지게 되었으며, "오늘날 어느 나라에서도 찾아볼 수 없는 미국 고등교육에 독특한 일반 교양과 전문학 연구의 조화 내지 통합"(이광주, 427쪽) 학풍이 자리잡게 되었다고 한다.

서양의 대학들에 비해 우리와 마찬가지로 동아시아 전통 사회라는 여건에서 출범한 일본의 대학들은 어떠했을까. 명치유신 이래 일본이 현대화하는 데 일본 대학들이 막중한 역할을 했다는 역사적 사실을 부인하기는 어렵다. 비록 오늘날의 관점에서 볼 때는 지나치게 국가 주도의 관제 운영이었던 까닭에 비판적으로 보아야 할 요소가 많긴 하지만, 지역별로 무리를 지어 영역권을 놓고 다투던 일본의 전근대(pre-modern) 상황을 고려해 본다면, 일본 대학은 일본 민족의 정신문화 수준을 현대적 수준으로 올려놓은 일등 공신이었음을 인정해야 할 것이다. 근대 일본에서 세워진 이러한 대학 이념은 일제 시대의 우리나라 지식인들과 광복 후 몇십 년 간 우리 사회에 깊숙이 영향을 미쳤다.

이들 각 나라의 대학 전통을 보면, 각 사회의 대학인들이 어떤 역량을 어떻게 길러야 할 것인가의 이념이 각 사회에 따라, 각 시대에 따라 달라지고 있음을 볼 수 있다. 우리는 이로부터 대학의 이념은 고정불변의 어떤 것이 아니라는 결론을 도출해 낼 수 있다.

각 사회의 고등교육기관에서 가르치는 내용이 소학은 아니라는 점, 다시 말해서 가정과 사회의 한 구성원으로서 배우고 익혀야 하는 것을 내용으로 하는 공부는 아니라는 점에서는 일치한다. 하지만 그 이상으로 큰 학문의 지향점이 무엇이고 어떤 역량을 어떻게 닦을 것인가에 관해서는 시대에 따라, 나라에 따라 상당한 차이가 있음을 알 수 있다.

우리나라의 대학 현실에 조금이라도 관심을 가진 사람이라면 다 아는 사실이지만, 현재 우리나라 대학들은 각 대학별로 쇄신을 시도하고 있다. 이러한 노력은 세계의 일류 대학들이 예나 지금이나 끊임없이 해오고 있는 일이다. 전문 연구가가 되었든, 비전문가가 되었든 고등교육기관으로서의 대학의 역사에 관심을 가지고 살펴보다 보면 우리는 다음과 같은 지적에 공감하지 않을 수 없다.

> 대학사(大學史)가 우리에게 시사하는 것은 언제나 새로운 대학의 이념과 유형을 창조한 나라가 선진국 대열에 설 수 있었다는 사실이다. ……대학은 그 자체의 주체적인 발전의 목표를 향하여 사회 발전의 첨단에 서서 미래를 예시해 주고 거기서 현실을 조명해 주는 사명을 다해야 할 것이다(이형행 역 서문, 4쪽).

우리나라를 비롯한 동아시아 문명에서는 불과 100여 년 전까지만 해도 확고한 대학의 이념이 확립되어 있었다. 그 근간이 되는 경전이 바로 『대학』이고, 『대학』의 대학 이념은 명명덕(明明德)과 신민(新民)을 주춧돌로 한다.

명명덕과 신민은 오늘날의 개념으로는 각각 수신과 사회 봉사와 통한다. 동아시아의 지식인들이 백성들을 상대로 하는 공직자의 기본 요건에 수신과 사회 봉사의 이념을 도입한 것은 송대 이후의 일이므로, 19세기까지 계산하면 길게 잡아도 800~900년을 넘지 못한다.

위정자의 모든 정치 활동은 언제나 백성을 위하는 것이어야 한다는 위민(爲民)의 관념은 2500년 전의 공자 때 이미 확립되었으나, 지식인은 반드시 백성을 위하여 봉사해야만 한다는 신민의 전통은 지금으로부터 천 년을 넘지 못하는 기간 안에 세워졌던 것이다. 이 전통이 근대(modern : 현대)의 시대 여건에서 어떻게 전개되어 갈지는 앞으로 우리 모두가 관심을 가져야 하고, 고심해야 할 과제다.

신유학의 실학 정신

현재까지 한국 사회에서 '실학(實學)' 하면 다산 정약용의 학문을 정점으로 하는 조선 후기의 새로운 유학 사조를 가리키는 것으로 알고 있다. 그러나 사실은 옛 시대의 유학자들은 모두 유학을 실학으로 여겼고, 그렇게 말하곤 했다. 그들은 불교나 도가 철학을 허학(虛學)으로 비판하면서, 상대적으로 유학은 현실 사회에 유용한 학문이라고 자부하였다.

송대에 이르러 시대 여건의 변화에 부응하고자 유학을 재건(再建)하는 데 투신한 유가 철학자들은 새로이 정립될 유학에는 실학 정신이 필수 요건임을 이심전심으로 중요시하였다. 이 실학 정신에 입각하여 비로소 하나의 정연한 신유학 체계로 완성된 것이 주자학이다. 주자는 신유학의 기본 강령을 『대학』에서 확보하였다.

요컨대 유가 철학자의 한 사람으로서 주자는 기존의 유학으로는 유교적 이상 사회를 현실 세계에 구현하기 어렵다는 문제의식에서 신유학을 정립하였다. 주자의 신유학은 유가 철학이 관념상의 도덕이나 명분상의 도덕으로서가 아니라, '나'와 '우리'의 지금 여기에서의 도덕 실천에 근거가 되는 이론으로서 정립되어야 한다는 유가의 실학 정신이 낳은 괄목할 만한 성취 가운데 하나다. 『대학』의 3강령 8조목을 근간으로 한 이 성취는 동아시아의 여러 나라에서 관학으로 채택되어 19세기까지 '동아시아의 영광'을 누렸다.

그러나 명대의 왕양명은 주자의 신유학에 만족하지 못했다. 양명이 주자학에 만족하지 못한 이유는 주자학의 공부론에 따라 실천을 해서는 수신-제가-치국-평천하의 이상을 실현하기가 매우 어렵다고 여긴 데 있었다. 이로부터 양명은 스스로의 역량으로 새로운 유학을 정립하였다. 양명학 진영에서 말할 때, 양명의 신유학이 주자의 신유학을 넘어선 것으로 말할 수 있는 것 중 하나가 다름아닌 양명이 세운 친민(親民) 개념이다.

　　주자는『고본대학』의 친민을 신민으로 고쳐 읽으면서 신민이란 지배층 지식인들이 먼저 자신의 밝은 덕을 충분히 계발한 후에, 이것을 미루어 백성들로 하여금 각자의 밝은 덕을 계발하도록 교화하는 것이라 규정하였다. 그러나 명대의 왕양명은 백성들을 가르쳐 그들의 밝은 덕을 계발시킨다는 이 구조에 반대하면서,『대학』의 친민을 오직 공직자 자신이 백성들을 대하는 과정에서 공직자 자신의 내면 세계를 밝은 덕으로 가득 채우는 깨달음에 이르는 것으로 규정하고서 그 스스로 실천에 옮겼다.

　　필자의 학문을 이끌어 주신 채인후(蔡仁厚) 선생은『왕양명 철학』을 교재로 강의하시던 중에 9장 '양명의 친민 철학과 그 실천〔陽明的親民哲學及其事功〕'에 이르러 "연구자들이 별로 다루지 않고 있으나 사실은 매우 중요한 부분이다"라고 특별히 말씀하셨다. 그 책의 9장은 양명이 스스로 정립한 '친민 철학'을 어떻게 실천해 갔는가를 상세히 다루고 있다.

　　주자의 신유학에 만족하지 못하여 좀더 실천력 있게 새로 정립된 신유학이 양명학이라면, 조선 후기에 나온 다산학 역시 유가의 실학 정신에 의거하여 좀더 실효성 있는 유학으로 재건된 신유학이었다.

조선 후기의 다산 정약용이 주자학과 양명학에 동의하지 못하고 새로운 경전 해석에 기초하여 신유학을 독자적으로 세운 이유 역시 주자학의 공부 수양론이나 양명학의 공부 수양론을 따라 실천해 가는 방식으로는 현실 사회의 정상화가 어렵다고 판단한 데 있었다. 역시 실학 정신의 발로인 것이다.

주자학과 양명학이 『대학』을 핵심 경전으로 취하는 반면 다산학에서 『대학』은 그렇지 않은 차이가 있긴 하나, 지식인의 대학 공부는 사회에 대하여 책임 의식을 갖는 것이어야 하고 무엇보다도 현실 사회에서 실천이 되어야 한다는 기준의 적용에서는 다산학이 오히려 더 적극적인 측면이 있다.

주자학에서 양명학으로, 양명학에서 다산학으로의 흐름은 지식인이 사회 운용에 적극 참여하여야 하고 봉사하여야 한다는 동아시아적 대학관이 갈수록 적극성을 띤 것이다. 현대의 객관적 기준으로 볼 때 누구의 신유학이 더 실학인지를 판별하여 말하기는 몹시 어려운 일이나, 신유학의 건설과 본인들의 입장에서 말한다면 각자 "나의 신유학이야말로 수기이안백성(修己以安百姓)의 구현에 가장 실효적인 유학이다"고 말할 것이다.

이러한 위민 사상, 친민 사상은 인도 문명이 낳은 불교가 동아시아에 전래되어 토착화하는 데서도 작용하였다. 서양의 큰 학문과 달리, 인도의 문화 전통에서 최고의 지성인이 추구하는 큰 학문은 해탈(Moksa)에 그 목적이 있다. 기본적으로 "인도의 모든 철학 체계는 인간의 본질적인 영성을 인정하여, 해탈을 최고의 그리고 궁극적 목적으로 보며, 철학이 인간에게 자유를 실현시키는 길을 보여주기를 요구한다"(이지수 역, 25쪽).

해탈은 인생의 문제다. 따라서 "철학이 아무리 정교하고 지적으로 만족스러운 것일지라도, 만일 우리의 삶에 아무 관련이 없다면 그것은 공허하고 적절하지 못한 궤변으로 간주"(이지수 역, 19쪽)될 수밖에 없다. 그런데 인생의 문제는 대개 개인적인 것이다. 결국 개인적 해탈을 추구하는 경향은 오늘날까지도 인도 문명에 지속되고 있는 것으로 보인다. 인도에서 발생한 불교가 정작 인도 안에서는 유식 불교를 끝으로 사실상 명맥이 끊겼지만, 인도 주변의 불교 국가들에서는 지금도 개인의 해탈을 최종 목표로 삼는 전통이 이어지고 있다.

인도 주변의 남방 불교권으로부터 동아시아의 북방 불교권으로 올라오면 판도가 달라진다. 이 지역의 불교는 전통적으로 대승불교(大乘佛敎)라 불렸다. 해탈을 목표로 하는 점은 같으나, '나'의 해탈이 아닌 '우리'의, 또는 '너와 나'의 해탈이 추구된다. 이것은 사회 참여를 필수 요건으로 하는 동아시아의 지적 전통이 불교에 반영된 결과로 보는 것 외에는 달리 볼 길이 없다.

결론적으로, 인생의 문제에 사회 운용의 문제가 플러스된 것이 동아시아 전통에서의 큰 학문이 갖춰야 하는 필수 요건으로 정리될 수 있다. 『대학』은 신유학이 출현한 이후 지식인의 사회 참여 정신을 확고히 해준 경전이고, 3강령의 하나인 신민과 8조목의 '치국-평천하'는 직접적으로 그것을 밝히고 있다. 이 모든 관념은 언제나 현실 사회의 운용, 즉 정치에 초점을 맞추고 있다.

『대학』과 제왕학

현실을 외면하고서 자신들의 도(道)를 즐긴 죽림칠현(竹林七賢)은 동아시아 전통에서는 사이비에 지나지 않는다. 동아시아 문명의 전통에서 지식인이 갖추어야 하는 중요한 책무의 하나는 자신이 속해 있는 사회의 운용에 책임 의식을 가져야 하는 것이기 때문이다. 다만 죽림칠현에게는 그들이 무도한 현실에 나서 봤자 불한당들의 세력 다툼 속에서 희생양만 될 뿐, 자신들의 포부와 활동이 의미조차 가지지 못한다는 자기 변론의 여지가 약간 남아 있을 따름이다. 죽림칠현이 산 시대는 현실 정치에 참여한 지식인치고 제명에 산 사람을 찾기 어려울 정도로 암살과 모략이 횡행하던 시대였기 때문이다. 『삼국지』의 조조·유비·관우·장비 등이 활약하던 시기가 그러한 시대였다.

수·당을 거쳐 송대에 이르러 유학이 부흥하면서 지식인의 사업(소임으로 삼아 하는 일)을 체계 있게 정리해 준 경전이 『대학』이다. 앞에서 살펴보았듯이, 이러한 취지에 가장 부합하는 글이 『대학』이기에 이 글이 송·명 신유학의 틀을 잡는 데 크게 활용된 것이다.

동아시아의 지적 전통에서 이론이란 현실에서 작동할 때 그 의의를 갖는다. 주자학과 양명학의 기틀이 된 『대학』은 이후 어떻게 활용되었는가? 주자학에 따르면 『대학』은 어른의 학문이고, 양명학에 따르면 인격자의 학문이다. 도덕 인격을 추구하는 지식인의 학문이고, 사대부 이상 계층의 어른들이 닦아야 하는 학문으로서의 『대학』은 이후 어떻게 응용되고 변천해 갔는가?

크게 두 방면으로 응용되고 발전해 갔다. 그 하나는 신유학의 기본 틀로서 지식인 계층의 핵심 경전으로 논구되었으며, 다른 하나는 제왕학, 즉 군주의 학문으로 변천해 갔다.

『대학』에는 고대 성왕들의 덕치를 찬양하는 서술이 많고, 처음부터 끝까지 덕에 의한 정치를 주장하고 있다. 당연히 『대학』의 이러한 논조는 현재의 군주 역시 덕의 정치를 시행하여야 한다는 당위성을 함의한다.

군주는 정치인이다. 군주가 어느 정도의 학식을 갖추는 것은 하나의 요건일 수 있으나, 군주가 반드시 학자여야만 할 필요성은 없다. 또한 군주가 즉위 이전과 재임 중에 반드시 모종의 특수성을 갖는 공부를 해야만 한다는 당위성도 없다. 하지만 신유학이 출현한 이후 중국과 우리나라의 군주들은 학문 연구에 많은 공력을 들여야만 했다. 이것은 단순히 군주가 학문에도 조예가 있으면 더 좋다는 차원을 넘어서는 것이었다. 공부하지 않으면 군주의 자리에 오르기도, 또 군주의 지위를 지키기도 어려웠다. 특히 조선 왕조의 경우가 더욱 그러하였다. 조선의 왕들 가운데 학문이 높았던 군주로는 전기의 세종대왕과 후기의 정조대왕을 꼽고 있으나, 그 밖의 왕들도 대부분 학문 수준이 높았다.

한국이 낳은 세계적인 성리학자인 퇴계와 율곡은 각각 선조(1567~1608년 재위)에게 『성학십도(聖學十圖)』와 『성학집요(聖學輯要)』를 저술하여 진헌하였다. '성학(聖學)'이란 넓게는 유학을 말하

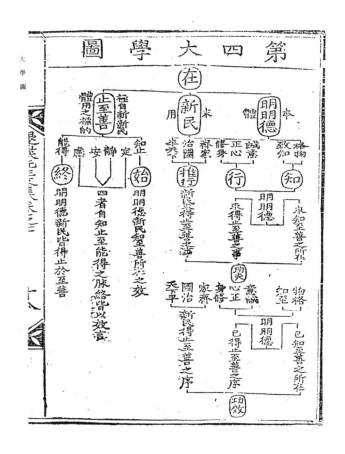

퇴계의 『성학십도』(聖學十圖) 가운데 대학도(大學圖)

고, 좁게는 주자에 의해 정초된 성리학을 말한다. 주자가 그 이전의 학설들을 집대성한 성리학 체계가 주자 철학이라면, 퇴계의 성학과 율곡의 성학 역시 각각 그때까지의 학설들을 다시 집대성한 성리학 체계인 것이다. 퇴계의 성학과 율곡의 성학이 모두 3강령 8조목 등 『대학』의 체계에 기초하고 있음은 물론이다.

퇴계가 지은 『성학십도』의 제4도는 「대학도설(大學圖說)」이다. 율곡이 지은 『성학집요』의 본론은 1) 통설, 2) 수기, 3) 정가(正家), 4) 위정(爲政), 5) 성현 도통(道統)의 다섯 부분으로 이루어져 있다. 2)와 3)과 4)가 『대학』의 체제를 취하고 있음이 한눈에 드러난다. 대체적으로 말해서 퇴계의 성학 체계는 『소학』과 『대학』을 근간으로 하고, 율곡의 성학 체계는 『대학』과 『중용』을 근간으로 한다.

성학은 문자 그대로 말하면 '성인(聖人, sage)이 되는 학문'이란 뜻이지만, 유학의 전통에서 말하는 성인은 인도 문명의 주류(主流)에서 설정되는 성자(聖者)와 같이 개인적으로 정신적 자유의 경지에 이르는 것을 목표로 하는 데 그치는 것이 아니라 반드시 사회적 책임을 다하는 성자, 즉 세상 사람들과 같이 울고 같이 웃는 성자를 가리킨다.

성학의 또 하나의 용법은 임금이 하는 학문이라는 것이다. 퇴계와 율곡이 심혈을 기울여 성학 체계를 정립한 저술을 군주에게 올린 의도는 대학 공부를 깊이 하여 성인 왕이 되어 달라는 요청과 기대에서였다.

『성학십도』와 『성학집요』에는 구체적인 정치 원리는 물론이고 격물에서부터 시작되는 수신(修身)의 공부 요령이 상세히 논의되어 있다. 이 저술들에는 3강령 그대로, 임금부터 밝은 덕을 계발하여 그 마음으로 국정에 임하고 백성들도 각자의 밝은 덕을 계발하여 그 밝은 덕에 의존하여 살아가도록 교화함으로써 이 세상 전체가 지극한 선에 머무는 정치가 조선 땅에서 실현되어야 한다는 요망이 담겨 있다.

신유학의 성학 체계에 따르면, 『대학』의 평천하 관념을 현실에서 실현하고자 할 때 매우 중요한 역할을 하는 존재가 군주다. 신유학 출현 이후, 왕권이 문벌 귀족의 영향력에서 자유로워지고 중앙집권 체제가 강화되면서 군주의 마음은 곧 국가의 주인으로서의 마음이라는 관념이 형성되었기 때문이다. 주자의 다음 발언은 그 한 단면을 보여 준다.

이 세상 모든 것의 가장 근원이 되는 것은 폐하의 마음입니다. ……신이 외람되게도, 폐하의 마음이 이 세상 모든 것의 가장 근원이 된다고 말씀드리는 까닭은 다음과 같습니다. 세상의 일이란 그 천변만화(千變萬化)하면서 복잡하게 얽히고 흐트러지는 것이 끝이 없으나, 그 어느 것 한 가지라도 백성의 주인이신 임금의 마음에 근원을 두지 않는 것은 없습니다. 이것은 당연한 이치입니다. 때문에 만약 백성의 주인이신 임금의 마음이 바르면 세상의 일 가운데 그 어느 것 한 가지라도 올바름에서 나오지 않는 것이 없고, 만약 임금의 마음이 바르지 못하면 세상의 일 가운데 올바름에서 나온 것은 없게 됩니다.

주자를 비롯한 신유학자들에 따르면, 군주의 마음은 곧 국가의 심장이 된다. 그래서 신유학자들은 군주의 마음을 바르게 하는 일, 즉 정심(正心)을 가장 시급하고 긴요한 일로 삼았다. 선비들의 대학 공부와 마찬가지로 제왕학의 핵심 역시 정심에 있었던 것이다.

『대학연의』와 『대학연의보』

중국에서는 고대의 주(周) 왕조 시대에 이미 군주 교육이 중요시되었던 것으로 알려져 있다. 한대에 이르러서는 이것이 제도화되어 특별히 발탁된 학자에게 세자의 정치 교육을 위탁하였고, 교재도 몇 가지 편찬되었다. 그러나 송대 이전까지는 군주 교육에 『대학』이 교재로 쓰이거나 연관된 적이 없다. 정자(程子)와 주자(朱子)에 의해 『대학』이 표장된 후에 비로소 『대학』은 군주 교육의 교재로 채택되었다.[4]

　『대학』을 기초로 하는 신유학의 출현 이후, 중국과 우리나라에서는 체계적인 군주 교육이 시행되었다. 다음 군주가 될 세자는 이 체계를 따라 학업을 닦아야 했음은 물론이고, 현직에 있는 군주도 경연(經筵) 강의 형식으로 수업을 해야 했다. 경연이란 군주가 전문 학자를 초빙하여 경서에 관한 강의를 들은 뒤, 문답 형식으로 수업하는 것을 말한다. 이 군주 교육에서 교과서로 쓰인 책이 『대학연의(大學衍義)』와 그 후속 간행서들이었다.

　『대학연의』는 주자의 재전제자(再傳弟子)인 원대의 진덕수(眞德秀, 1178~1235)가 『대학』의 8조목 체제에 맞춰 사서오경과 역사서 및 옛 문헌으로부터 관련된 사건들을 발췌하여 편집하고서 자신의 견해를 덧붙여 만든 책으로 1229년에 쓰여졌다.

『대학연의』는 『대학』의 주석서가 아니다. 『대학』의 체제를 빌려 정치 교육을 위한 교과서로 대폭 보완·편집한 정치 교과서다. 진덕수의 이 저작은 한편으로는 송대 신유학자들이 유학을 활용하여 현실의 정치 문제들을 해결하고자 한 요망에 부응하는 저술이었고, 다른 한편으로는 신유학자들이 『대학』을 핵심 경전으로 삼는 최종 목적을 반영한 의미 있는 저술이었다.

『대학연의』의 가장 중요한 특색은 공부의 주체를 군주로 설정하고 있다는 점이다. 과거의 역사적 사실에 비추어 볼 때 군주 된 자가 어떻게 하였을 때 나라가 흥하고 어떻게 하였을 때 나라가 망했으며, 어떤 인재들을 등용하여 바른 정치가 이루어졌고 어떤 사이비 인재들에게 속아 넘어가 몰락하였는가 등등의 사례들을 정리한 것이다. 『대학연의』는 제왕위치지서(帝王爲治之序)·제왕위학지본(帝王爲學之本)·격물치지지요(格物致知之要)·성의정심지요(誠意正心之要)·수신지요(修身之要)·제가지요(齊家之要) 순으로 구성되어 있다.

원나라 조정에서 군주 교육의 대표적인 교과서로 활용된 『대학연의』는 우리나라에서도 고려 말 공민왕 때 이미 경연에서 강의되었으며, 조선의 개조 태조와 그의 아들 태종(이방원)도 고려 말에 『대학연의』를 탐독하였다는 기록이 있다.

『대학연의』의 내용을 보면, 『대학』의 8조목 중 치국과 평천하가 누락되어 있다. 이 점을 보완한다는 명분으로 보완 편집된 저작이 『대학연의보(大學衍義補)』다. 『대학연의보』는 명나라 때 구준(丘濬, 1421~1495)이 편찬한 것으로 모두 164권이고 1487년에 쓰여졌다. 164권이나 되는 방대한 분량만 고려해 보아도 짐작할 수 있듯이, 『대학연의보』는 『대학연의』를 단순히 보완한 책이 아니다. 『대학연의보』의 특색은 실제의 정치에 관하여 직접 논평하는 부분이 많다는 것이다. 이 책은 구준이 60세가 넘도록 공직 생활을 해온 정치계의 원로로서 고대의 정치에서부터 근년의 일까지 구체적 사례들을 상세히 분석하고 논평하는 내용으로 되어 있다. 이런 점에서 『대학연의보』는 『대학연의』보다 제왕학(帝王學)의 성격이 더 짙다고 말할 수 있다.

『대학연의보』는 중국에서 발간된 지 7년밖에 안 된 1494년에 원본이 그대로 조선에서 간행되었다. 조선조 성종 때의 일이다. 중국에서는 『대학연의』와 『대학연의보』 외에도 양렴(楊廉)의 『대학연의절략(大學衍義節略)』과 1528년 담약수(湛若水)의 『성학격물통(聖學格物通)』 등이 뒤따라 쓰여졌다.

한편, 우리나라에서도 『대학』 개정본 외에 『대학연의』의 후속 저작물들이 쓰여졌다. 가장 먼저 쓰여진 것이 조선 성종 때 이석형(李石亨, 1415~1477)이 쓴 『대학연의집략(大學衍義輯略)』이다. 체제와 성격은 『대학연의』와 다를 바 없지만, 관련 자료들을 편찬자 나름의 기준에 따라 발췌한 점과 특히 우리나라 역사서인 『고려사(高麗史)』에서 관련 내용을 발췌한 점이 가치를 갖는다. 『대학연의』를 한국화한 저술로 이해하면 될 것이다.

『대학연의』와 그 후속 저작들을 군주에게 강론하였다는 것은 신하들에 의해 군주의 학문이 일정한 방향으로 권유되고 유도되어 갔음을 의미한다. 하나의 예를 들어 보자. 세종 때 『대학연의』를 강의하던 한 신하는 세종에게 이렇게 말한다.

> 임금의 학문은 마음을 바르게 하는 것[正心]이 근본입니다. 마음이 바르게 된 연후에 백관이 바르게 되며, 백관이 바르게 된 연후에 만민이 바르게 되는 것이니, 마음을 바르게 하는 요령은 오로지 이 책에 있습니다.
>
> ─── 人君學問正心爲本, 心正然後百官正, 百官正然後萬民正, 正心之要, 專在此書.

8조목의 하나인 정심이 강조되고 있는데, 어투는 '~하면 좋겠다'는 희망이나 바람이라기보다는 '~하지 않으면 안 된다'에 가깝다. 예를 들어 『대학』 원문 10장 16절에 나오는,

> 덕을 갖춘 현인을 찾아내고서도 통치자가 그를 등용하지 못하거나, 등용하기는 하되 곧바로 등용하지 못한다면 이것은 태만한 것이고, 불선한 사람임을 알고서도 내쫓지 못하거나 내쫓더라도 멀리 내쫓지 못한다면 이것은 잘못이다(10-16).

가 중국과 한국의 실제 정치 과정에서는 '이렇게 하지 않으면 군주는 책임을 져야 한다'는 맥락으로 적용되었던 것이다.

영·정조의 『대학』관

조선 사회의 경우, 『대학』과 『대학연의』가 군주 교육에 언제나 필수

과목으로 확정되어 있었던 것은 아니다. 예를 들어 성종 때『대학』을 진강하던 한 신하가 "임금은 격물치지 공부를 할 필요가 없다"고 주장한 일이 있다. 군주가 직접 격물치지와 같은 세세한 마음 공부를 할 필요는 없고, 단지 그런 공부를 잘한 인재를 등용하여 정치를 잘하면 된다는 입장에서 한 말로 보인다. 대체로 조선조 역사에서 훈구 세력 중에 이런 견해를 가진 사람들이 많았다. 반면에 사림파 성리학자들은 모두 다 임금 자신부터 철저하게 격물치지 등의 공부를 해야 한다는 입장이었다.

바다에는 한류와 난류가 만나는 지점이 있듯이, 조선의 역사에서 개국 이래 중앙에서 대대로 관직을 차지하며 기득권을 누리던 훈구파와 향촌 사회에 근거지를 두고 실천궁행을 중요시하고 지치주의의 이상 정치를 꿈꾸어 온 사림파는 15세기 후반 성종 때부터 서로 부딪치게 된다. 이후 밀리고 밀어내는 권력 다툼의 과정에서 4대 사화(士禍)가 일어난다. 16세기 후반의 선조대에 이르러 중앙 정계와 학계는 사림파로 완전히 교체되고, 그 후의 조선 사회는 이들 사림파가 주도한다. 사림파의 정치가 꽃을 피운 시대는 영·정조 시대로, 근년에는 이 시기를 '진경 시대'라 부르고 있다.

조선 영·정조 시대에『대학』에 대한 관념에 흥미로운 변화가 일어났다. 우선, 국왕인 영조가『대학』에 서문(序文)을 지어 덧붙인 일은 중국에서나 우리나라에서나 유례가 없는 일이다. 영조는『대학』에서 무엇보다도 밝은 덕의 공부를 중요시하였다.

영조의 손자이면서 영조에게서 직접『대학』에 관한 가르침을 받은 일이 있는 정조는『대학』을 대단히 중요시하여 꾸준히 논구한 끝에 즉위 23년(1799)에는 저서를 한 권 편찬하였다. 정조가 편찬한 『대학유의(大學類義)』는 『대학』과 『대학연의』, 그리고 『대학연의보』 세 책 가운데 중요한 대목을 발췌하여 재편집한 것이다. 그 책의 서 문격인 제(題)에서 정조는 이렇게 말한다.

> 군주 된 자가 이 책을 읽으면 태평지화(太平之化)의 기반을 닦을 수 있 고, 신하 된 자가 이 책을 읽으면 참찬지공(參贊之功)을 지을 수 있다.

동아시아의 유교 전통에서 새로운 저작을 낸다는 것은 거의가 기존의 학설을 편집하는 것을 뜻한다. 따라서 '새로운 것'이란 저술 의 내용이라기보다 '편찬자의 관점'이라고 보는 것이 정확하다. 정 조의 이 저서 역시 새로운 관점이 의의를 갖는 것으로 보아야 한다. 그렇다면 정조의 새로운 관점은 무엇이었을까?

영조의 관심사를 이어받아 『대학』에서 말하는 밝은 덕에 비중 을 크게 두었던 정조는 주자의 「대학장구서」에 대해 다음과 같은 문 제의식을 가지고 있었다.

> 『대학』의 요지는 3강 8조목에서 벗어나지 않으며, 3강은 8조의 벼리 〔綱〕가 되고 밝은 덕〔明德〕은 또 3강의 벼리가 된, 즉 주자가 대학에 서 (序)를 붙임에서는 마땅히 명명덕 3자로 반복하여 밝혀 나가야 하는데 도 상하 수천 언에 한 번도 명덕을 언급하지 않은 것은 무슨 까닭인가? 어찌 말을 해놓고 사람이 스스로 살피지 않은 것일까?(『홍재전서』 67)

정조의 이러한 문제의식은 군주가 하·상·주 삼대의 이상 정치를 실현하는 주체로 '자처하는' 것으로 귀결된다. 신유학 출현 이후, 군주의 마음은 만사(萬事)의 근본으로 강조되어 왔다. 그런데 이러한 관념과 발언은 모두 군주가 아닌 신하들에 의해 나온 것이었다. 군주를 주인으로 추켜세우기는 하지만, 실질적인 구도는 군주와 신하들이 함께 사회 운영과 교화를 공동 관리하는 공치(共治)의 구조였다. 주인은 군주이지만, 도덕 정치를 추진하는 주체는 어디까지나 사대부를 중심으로 하는 독서인층이었던 것이다. 그런데 이 구조가 영·정조에 와서 군주가 직접 '주체'로 자처하는 쪽으로 변화가 일어난 것이다. 영조와 정조가 『대학』을 중요시하고 정조가 저술까지 내게 된 배경이 여기에 있다.

임금이 학문에서도 최정상에 있을 때, 그 임금을 '군사(君師)'라고 부른다. 영조와 정조는 군사를 자임하였다. 영조와 정조 두 왕이 추구한 정치 세계는 군주가 적극적으로 나서 삼대의 이상 정치를 실현하는 것이었다. 이것을 위해 이들은 밝은 덕을 가장 중요하게 여겼고, 군주 스스로가 지극한 선(善)의 경지에 머물기 위해 노력을 아끼지 않았다.

정치와 수신

5. 정치와 수신

최근 중국 대륙의 어느 주석자는 "『대학』은 국가 정치 및 세계 정치에 관한 유가의 학설을 가장 종합적으로 그리고 가장 체계적으로 서술한 한 편의 정치 논문이다"고 쓰고 있다(來可泓). '정치 논문'이라는 서술이 인상적이다. 사실은 당연한 서술인데도 기존의 연구가 지나치게 철학적 연구에만 편중되다 보니 이런 서술이 낯설게 느껴지고 인상적으로 보이는 것이 사실이다.

『대학』과 관련하여 우리가 말하는 '정치'는, 즉 전통의 유가 철학에서 말하는 '정치'는 지금 시대의 정치인들이 하는 좁은 의미의 정치(전문 영역의 하나)에 한정되는 것이 아니라, 전체 사회의 운용이라는 넓은 의미의 정치를 가리킨다. 그 실질적 내용은 지식인들이 사회 운용에 직·간접으로 책임 의식을 갖고서 참여하는 사회 참여다. 직접 참여는 공직을 맡아 백성을 위해 공무를 수행하는 것이고, 간접 참여는 예컨대 상소를 통해서 또는 지도층 지식인 사회에서의 여론 형성에 참여함으로써 국정에 간접적으로 참여하는 것이다.

『대학』의 경우, 이 경전이 송대 이래 적극 활용되는 과정에서 국가 사회의 운용을 총괄하는 군주의 학문으로서 제왕학 성격을 갖는 『대학연의』와 『대학연의보』 등으로 발전한 까닭에 일반 지식인층의 대학 공부와 군주 및 세자의 대학 공부가 구분될 수 있게 된 면이 있긴 하나, 양쪽 모두 소학의 범주를 넘어서는 큰 학문으로서의 대학 이념이라는 점에서는 차이가 없다.

동아시아 전통의 대학관이 갖는 가장 두드러진 특색은 최고의 지성인일수록 국가 사회와 세계의 운용에 대하여 일정한 안목을 유지하면서 직접 또는 간접적으로 사회 운용에 참여해야만 한다는 것이었다. 오늘날의 용어로 말한다면, 사회 참여가 대학 공부를 하는 지성인의 필수 요건이었다는 것이다.

또 한 가지 특색으로는, 사회 참여가 오늘날처럼 예컨대 전문 정치인이나 전문 경제인으로서의 전문성만 인정되면 그 실력으로 자격과 권한이 부여되는 것이 아니라, 적어도 이념상으로는 반드시 그 전문성이 각 개인의 수양 공부에서부터 닦아진 것이어야 했다는 점을 들 수 있다. 이 점은 이념상으로만이 아니라 실제로도 거의 원칙으로 유지되었다. 『대학』은 바로 그 개인의 수양 공부인 수신(修身)에서부터 인류 사회 전체의 운용에 참여하는 평천하(平天下)에 이르기까지의 실천 강령을 일목요연하게 서술하고 있는 경전이다.

'수신-제가-치국-평천하'의 4조목은 우리에게 익숙하다. 이 4조목 외에 다른 4조목이 덧붙여져 『대학』의 8조목이라 말한다. 다른 4조목은 '격물-치지-성의-정심'이다. 이 8조목을 앞의 3강령과 더불어 '대학의 3강령 8조목'이라 말한다.

정심(正心)은 마음을 바르게 하는 것이다. 마음을 바르게 하기

위해서는 의념〔意〕을 성실하게 하는 성의 공부를 하여야 하고, 성의
를 위해서는 앎〔知〕을 확고히 하는 치지 공부를 하여야 한다. 치지
가 이루어지려면 격물 공부가 이루어져야 한다. 결국 수신의 출발점
은 격물이다. 격물이란 무엇을 어떻게 하는 공부인가?

격물 치지

물(物)이란 이 세계를 구성하고 있는 각 사물을 가리킨다. 한문에서
'물'은 때로 사람〔人〕을 포함하여 말하기도 하고, 때로는 사람과 구
별하여 사람을 제외한 각 사물을 지칭하기도 한다. 예를 들어 조선
조의 18세기에 일어난 인물성동이 논변(人物性同異 論辯 : 사람의 본성
과 동물의 본성은 같은가 다른가에 관한 논쟁)에서의 '물'은 사람을 제
외한 존재물을 가리킨다. 반면에 『대학』에서 말하는 '물'은 사람을
포함한 모든 존재물을 가리킨다.

　격물(格物)의 '물'은 매우 난해한 어떤 것이 아니다. 번역서들
이 '격물'을 보통 '사물을 탐구하다' · '사물을 연구하다' 등으로 번역
하고 있으나, 격물의 '물'은 구체적으로 부 · 모 · 자 · 녀 · 형 · 제 · 군 ·
신 · 남편 · 아내 · 벗…… 이런 것을 가리킨다. 격물의 물이 대나무 ·
책상 · 사과 등의 사물도 포함하는 것은 사실이나, 유학자들이 격물
을 말하는 주안점에 있어서나 우리의 이해를 위해서나 격물의 물에
관한 설명을 할 때에는 구체적인 사례들로 인간 사회의 직분을 설정
하여 말하는 것이 더 적절하고 효율적이다.

　물은 한편으로 사(事 : 일)와 뗄 수 없는 관계를 갖는다. 어머니

3강령 8조목

전통적으로 『대학』 체제를 3강령 8조목으로 말해 왔다. 3강령은 '명명덕(明明德)'과 '신민(新民)'과 '지어지선(止於至善)'을 가리키고, 8조목은 '격물-치지-성의-정심-수신-제가-치국-평천하'를 가리킨다. 동아시아 전통의 식자층 사회에서는 '3강령 8조목'이 『대학』과 관련하여 하나의 공식처럼 따라 다니는 용어이다.

최초로 '명명덕·친민·지어지선'을 '강령(綱領)'으로 말하고 '격물-치지-성의-정심-수신-제가-치국-평천하'를 조목으로 일컬은 학자는 주자다. 그렇지만 주자가 '3강령'과 '8조목'이라는 용어를 쓴 적은 없는 것으로 알려져 있다. 그래서 비판가들은 '3강령'과 '8조목'이라는 용어는 주자의 용어가 아니라 후대인들이 만들어 낸 것이라 지적한다.

하지만 주자가 '명명덕·친민·지어지선'을 강령으로 규정하면서 "차삼자(此三者)"·"차삼개(此三個)" 등의 표현을 쓰고 있고, '격물-치지-성의-정심-수신-제가-치국-평천하'에 대해서도 조목(條目)이라는 규정어와 함께 "팔건(八件)"·"팔사(八事)"라는 표현을 쓰고 있는 것으로 볼 때, '3강령 8조목'이 주자의 본의를 벗어난 것이라 단정하기는 어렵다.

주자는 '명명덕·친민·지어지선'을 각각 독립된 강령들로 간주한 것은 아니고, 이 3개 항목을 총괄하여 하나의 '강령'으로 간주하였다. 8조목의 경우에도 주자의 본의는 각각 독립된 조목들을 말하는 것이 아니었다. 그러므로 비록 어법상으로는 약간 문제가 있기는 하지만, 이런 배경을 아는 한에서는

'3강령 8조목'이라는 용어를 계속 쓸 수 있을 것이다.

3강령 8조목과 관련하여 주자의『대학』해석에서 우리가 유의해야 할 점은 3개 항목으로 구성된 강령(3강령)을 8조목을 총괄하는 총강령으로 보았다는 점이다. 3강령과 8조목의 관계를 이렇게 보는 것에 대해서는 해석자의 입장에 따라 얼마든지 다른 의견을 제시할 수 있다. 예컨대 다산에 따르면, 8조목은 3강령과는 직접 관계가 없으며, 또 8조목에서도 격물과 치지는 나머지 6조목과는 별개의 것이다. 요컨대, 3강령의 세부 내용을 무엇으로 보느냐에 있어서는 해석자들 간에 크고 작은 차이가 있다.

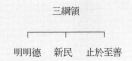

三綱領

明明德　新民　止於至善

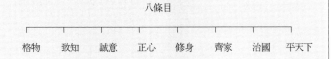

八條目

格物　　致知　　誠意　　正心　　修身　　齊家　　治國　　平天下

에게는 어머니로서 지켜야 하는 자애의 일이 있고, 남편에게는 남편으로서 아내에게 해야 할 일이 있다. 사란 글자 뜻으로는 일을 의미하지만, 노동의 일보다는 그 직분에 있는 사람으로서의 역할과 의무를 가리킨다. 아버지로서의 역할과 의무, 아내로서의 역할과 의무, 이런 것이 물(物)과 수반 관계를 갖는 사(事)다. "물은 사와 같다[物猶事]"는 주자의 말은 이런 맥락에서 하는 말이다.

격물 공부란 각 직분의 역할과 의무를 확고히 깨닫는 공부다. 단순히 '안다'는 공부가 아니라 확실하게 깨쳐 금강석처럼 단단하게 간직하는 것이 『대학』의 격물 공부라는 것이다.

주자는 격물을 즉물궁리(卽物窮理)로 해석하였다. 즉(卽)은 동사다. 동사로서의 즉(卽)은 '나아가다'는 뜻이고, 여기에서의 실질적 의미는 '~에 관한'이라 할 수 있다. 궁은 '궁구하다'·'캐다'는 뜻이다. 물(物)에 나아가 그 물의 이(理)를 궁구하는 것이 주자학에서의 격물 공부라는 것이다. 여기서의 이(理)도 그리 어려운 것은 아니다. 부모로서의 자애의 도리, 자녀로서의 효의 도리, 벗으로서의 신의의 도리……, 이런 것이 즉물궁리의 이(理)다. 이처럼 신유학의 이(理) 개념은 그리 심오한 무엇도 아니고, 인간의 삶을 초월한 어떤 것도 아니다.

서양 철학은 대부분 난해하고 독일의 칸트(I. Kant)도 그 난해한 철학의 하나를 낳은 철학자 중 한 사람이지만, 그의 말에는 신실(信實)함이 있어 귀담아들어야 할 대목이 적지 않다. 칸트는 이런 말을 한다.

사람이 정직하고 선하게, 현명하고 덕 있게 되려면 어떻게 해야 하는가를 알기 위해서 무슨 학문(Wissenschaft, science)이나 철학(Philosophie)이 반드시 필요한 것은 아니다. 모든 사람, 가장 천한 사람도 인간이 무엇을 알아야 하고 무엇을 해야 하느냐에 대한 지식은 이미 사실로서 가지고 있다.[5)]

부모는 자녀를 보살피고 사랑해야 한다는 것이나, 자녀는 부모에게 효도해야 한다는 것쯤은 초등학생들도 잘 안다. 『대학』의 격물이란 대학 공부를 하는 대학인이 이것들에 대하여 '왜 그렇게 해야만 하는가'를 철저히 자각하는 것을 가리킨다.

참고로 한 가지 짚고 넘어가자. 격물 공부는 소학 공부를 하는 소학도들에게도 필요한 공부인가? 답은 '아니다'이다. 소학도들에게는 교사나 선배의 지도를 받아 그대로 답습하고 충분한 연습과 실습을 통해 익숙하게 실행할 줄 아는 것이 요구될 뿐, 그 이치와 도리까지 깨닫는 철학 공부가 요구되지는 않는다. 반면에 격물과 같은 철학 공부는 큰 학문을 닦는 대학인에게는 가장 우선시되고 가장 긴요한 공부가 된다.

주자는 격물 공부의 중요성에 관하여 이렇게 말한다.

유학의 공부〔聖門〕에서 가장 먼저 공력을 쏟아야 할 것은 『대학』이다. 그리고 『대학』에서 가장 먼저 공력을 쏟아야 할 것은 격물이다.

유학의 전체 체계를 장악하려면 가장 먼저 읽어야 하는 경전이

『대학』이고, 대학 공부를 하려면 격물에서부터 시작해야 한다는 것이 이 말의 요지다. 수신이란 결국 격물로부터 시작하고, 세계의 평화를 실현하는 평천하도 격물로부터 시작된다. 『대학』의 경 4절은 이렇게 말한다.

옛날에 이 세상 모든 사람들의 밝은 덕을 계발하여 세계의 평화를 이루고자 하는 사람은 먼저 자신의 나라를 잘 다스렸고[치국], 자신의 나라를 잘 다스리고자 하는 사람은 먼저 자신의 집안을 반듯하게 하였다[제가]. 자신의 집안을 반듯하게 하고자 하는 사람은 먼저 자신의 몸을 닦았고[수신], 자신의 몸을 닦고자 하는 사람은 먼저 자신의 마음을 바르게 하였다[정심]. 자신의 마음을 바르게 하려는 사람은 먼저 자신의 의념을 성실하게 하였고[성의], 자신의 의념을 성실히 하려는 사람은 먼저 자신의 앎을 철저히 하였다[치지]. 앎을 철저히 하는 일은 격물에 있다[격물](경-4).

여기서 말하는 "옛날"은 단순히 시간상의 과거를 가리키는 것이 아니라, 성인(聖人)들이 통치하던 시대를 가리킨다. 위 인용문은 격물에서부터 평천하까지 8조목의 선후 관계 및 조건 관계를 일목요연하게 나열하고 있다. 격물로부터 정심까지의 4조목은 내면의 마음 공부이고, 수신으로부터 평천하까지의 4조목은 사회적 개인으로서의 실천 방면이다. 여기서 사회적 개인이란 부모·형제·부부 등의 사회적 조직 그물 안에서의 한 사람이라는 뜻이다. 사회적 개인으로서의 올바른 행위는 각 존재물의 이(理)를 깨치는 데서부터

시작된다는 것이 『대학』의 관점이다.[6]

주자에 따른다면, 효녀 지은이가 '나는 부모에게 어떻게 해야 만 하는가', '왜 그렇게 해야만 하는가'를 궁리하여 그 이(理)를 깨닫 는 것이 격물이다. 이때 존재물은 자녀다. 이 세상의 존재물 중 자녀 라는 존재물에 관하여 그 존재물의 이(理)를 깨닫는 것, 즉 내가 자 녀의 입장에서 부모를 대할 때는 어떻게 대해야 하며, 또 내가 부모 의 입장이 되었을 때는 자녀에게 어떻게 대해야 하는가의 이를 깨닫 는 것이 주자의 즉물궁리이고, 주자 철학에서의 격물 공부다.

격물은 꼭 자신이 직접 그 입장이 되어야만 할 수 있는 공부는 아니다. 간접 공부도 얼마든지 할 수 있다. 예컨대, 독자가 『삼국사 기』에 기록되어 있는 지은의 효행을 읽는 가운데 '세상의 자녀들은 부모에게 어떻게 해야만 하는가', '왜 그렇게 해야만 하는가'의 이를 깨닫는 것 역시 격물 공부다. 이렇게 해서 하나하나의 이(理)를 터 득해 나가다 보면 모든 존재물의 이에 대한 앎(깨침)이 완성의 경지 에 이른 것인 '치지(致知)'에 이르게 된다. 지(知)는 존재물의 이에 대한 앎을 뜻하고, 치(致)는 극에 도달함을 의미한다.

성의 정심

성의(誠意) 공부는 모든 개별 행위의 최초 의식(意識) 상태인 의념에 사사로움[私]이 끼어들지 못하게 하는 수양 공부다. '성의'란 문자상 의 의미로는 '의념을 성실하게 하자'이다. 예컨대 지은이가 '나는 부 모님께 무엇을 어떻게 하여야 하는가'의 의념을 갖는 순간에 '왜 우리 집은 이렇게 가난한가', '왜 아버지는 유산도 남기지 못하고서 일찍 돌아가셨나', '어머니는 어쩔 수 없는 인생이고, 나 하나만이라도 정상으로 살아야 하지 않을까'와 같은 사사로운 생각이 그 의념에 영향을 미치지 못하게 하는 공부가 성의 공부라는 것이다. 여기서 '사사로운 생각'이란 사회적 개인으로서의 '나'가 아니라, 내 한 몸의 개체에 따른 생각을 가리킨다.

　　사사로운 생각도 나로부터 나오고, 효(孝)와 제(悌)의 착한 마음도 나로부터 나온다. 8조목 가운데 인간 마음의 이중 구조가 직접적으로 거론되는 지점이 이 성의 부분이다. '나'의 의식 세계를 자아로 말할 때, 유학은 이중 구조의 자아를 설정하는 것이 된다. 성리학(주자 철학)에서는 내 한 몸 편해지고자 하는 개체적 자아와 착한 마음의 보편적 자아(사회적 개체로서의 자아)를 모두 긍정하지만, 하나는 진짜이고 다른 하나는 가짜라는 입장을 취한다. 자·효·우·제의 자아는 진정한 나(보편적 자아)이고, 내 한 몸 편해지려고 하는 사사로움의 자아는 가령 범죄자가 체포된 뒤에 내가 왜 그랬을까 하고 후회할 때 그 후회의 대상이 되는 과거의 나(개체적 자아)로, 항구적이지 못하고 일시적으로 형성되었던 임시의 나다. 당연히 『대학』은 공직자에게 언제 어디서나 진정한 자아를 지킬 것을 요구한다. 6장 4절은 이렇게 말한다.

　　재물은 집을 윤택하게 하고 덕은 몸을 윤택하게 한다. 덕이 있으면 마음이 넓어지고 몸이 편안해진다. 그러므로 유덕한 공직자는 반드시 자신의 의념을 성실하게 한다(6-4).

동서고금의 어느 나라에서나 공직자들은 기본적으로 일정한 봉급을 받는다. 지도층 인사라면 대개 상당한 부도 축적하고 있다. 『대학』은 이들에게 관심을 부귀에 두지 말고 진정한 자아의 덕에 둘 것을 요구한다.

우리 사회에서도 "돈을 많이 가진 사람이 더 돈 욕심을 낸다"는 말이 나돌듯이, 고위 공직자가 재물에 관심을 두면 결국 재물욕을 충족시키기 위해 공직의 권력을 이용하게 된다고 유학자들은 보았다. 힘없는 민초들이 재물에 욕심을 내는 것은 어느 면에서는 당연한 일이다. 하지만 공직자가 재물을 탐하는 것은 배운 사람으로서는 속이 보이는 일이다. 재물을 탐하다 보니 도덕적으로 옳지 않은 불선(不善)을 저지르게 된다. 6장 2절은 이렇게 말한다.

덕이 없는 소인의 공직자는 직무를 수행할 때 가릴 것 없이 불선을 행하다가 유덕한 군자의 공직자를 본 후에는 마치 그런 일이 없었던 듯이 자신의 불선을 가리고 선을 드러내 보인다. 유덕한 공직자가 나를 보기를 마치 자신의 폐와 간을 들여다보듯이 훤히 꿰뚫어보고 있으니, 그렇다면 그와 같이 위장한 것이 무슨 소용이 있겠는가? 이것을 일러 '내면이 진실하면 밖으로 드러난다'고 말한다. 그러므로 공직자는 언제나 자기 혼자만이 아는 것에 주의를 쏟는다(6-2).

여기서 "자기 혼자만이 아는 것"이란 자·효·우·제의 자아를 가리킨다. 이 자아는 남녀노소 누구에게나 선천적으로 주어지므로 우리는 이것을 '보편적 자아'라고 부를 수 있다. 공직자가 자신의 지위를 이용하여 부귀를 추구할 때, 자신의 양심은 그것이 옳지 않음을 잘 안다. 양심은 보편적 자아의 활동이다. 보편적 자아의 활동을 잘 지키는 것이 성의 공부이고, 그렇지 못하여 일시적 자아(개체적 자아)에 휘둘려 재물 욕심을 내는 것은 보편적 자아를 속이는 것이다. 6장 1절은 이렇게 말한다.

> 이른바 '의념을 성실하게 한다'는 것은 자신(보편적 자아)을 속이지 않는 것이다. 악을 미워하기를 마치 악취를 싫어하듯이 하고, 선을 좋아하기를 마치 남녀가 서로 좋아하듯이 하는 것, 이것을 일러 '스스로 좋아하고 만족해한다'고 말한다. 그러므로 통치자는 언제나 자기 혼자만이 아는 것에 주의를 쏟는다(6-1).

만일 『대학』이 밝은 덕을 강조하고 유학이 성선설 입장을 취한다는 점을 오해하게 되면, 유학이 바라는 이상적인 삶은 부귀를 포기하고 가난하게 사는 것이라 잘못 알 수 있다. 『대학』이 말하는 밝은 덕이나 유학에서 말하는 착한 마음·착한 본성은 이른바 퍼주기만 하여 빈털터리가 되는 것을 함의하는 것이 아니다. 유학에서 착한 마음이란 연약하고 그저 좋게만 해결하려는 무소신의 마음을 가리키는 것이 아니라, 예컨대 불의에 반대하고 불선을 미워하며 지켜야 할 재산은 반드시 지켜 내야 하는 것까지를 포함한다. 여린 마음이나 재물을 포기하고 한없이 베풀고 양보하는 것을 공직자에게 요구하는 것은 결코 아니다.

앞의 인용문은 대학 공부를 했거나 하고 있는 사람이 공직에서

이재(理財)에 맛을 들인다면 이는 곧 자신의 보편적 자아를 속이는 결과를 가져올 것이라는 경계와 함께, 진정으로 보람을 느끼고 만족감을 느낄 수 있는 것은 보편적 자아를 만족시키는 것임을 말하고 있다. 불선을 미워하기를 역겨운 냄새를 싫어하듯이 해야 한다는 부분을 놓치지 말아야 한다.

정심(正心)은 마음을 바르게 하는 공부다. 마음을 바르게 한다는 것은 인간의 두 마음 가운데 일시적인 기질의 자아를 배격하고 오로지 자·효·우·제의 보편적 자아만으로 우리의 내면을 가득 채우는 것을 의미한다. 마음이 바름을 얻지 못했다는 것은 우리의 의식이 도리를 등지고서 사사로운 기질의 성향에 이끌렸음을 의미한다. 7장 1절은 정심에 관하여 이렇게 말한다.

이른바 '수신을 하려면 그 마음을 바르게 하여야 한다'는 것은 마음에 노여워함이 있으면 마음의 올바름을 얻을 수 없고 두려워하는 감정이 있어도 마음의 올바름을 얻을 수 없으며, 좋아하는 감정이 있어도 마음의 올바름을 얻을 수 없고, 근심이 있어도 마음의 바름을 얻을 수 없기 때문이다(7-1).

노여움·두려움·좋아함·걱정함 등이 그 자체로 불선인 것은 아니다. 성인의 인격에도 이러한 감정은 있다. 만일 보편적 자아의 마음이 일으킨 노여움·두려움·좋아함·걱정함이라면, 마음의 바름을 얻은 것이다. 『대학』의 위 원문이 말하는 것은 노여움·두려움·좋아함·걱정함 등이 우리의 자·효·우·제의 보편적 마음에서 나온 것이 아니라, 기질의 사사로움에서 나올 때를 가리켜 이런 경우에는 마음이 바름을 얻지 못했다는 것이다.

마음이 바름을 얻었다는 것은 의식이 온통 착한 마음으로 가득 채워졌음을 뜻한다. 『대학』에 따르면, 마음이 이러한 상태일 때 인간은 가장 정상적으로 볼 수 있고, 들을 수 있고, 음식 또한 제맛을 느낄 수 있다.

『대학』의 공부 체계에 따르면, 격물-치지-성의 공부에 기초한 정심이 이루어졌을 때 비로소 수신이 이루어진 것으로 간주된다. 가정 생활을 비롯한 모든 사회생활의 출발점은 이 수신이다. 경-6절은 이것을 이렇게 말한다.

천자로부터 서민에 이르기까지 모두 한결같이 몸 닦는 것[수신]을 근본으로 여긴다.

자·효의 보편심은 지상의 최고 권력자인 천자와 저 산간 벽지의 범부 사이에 차이가 없다. 각자가 사회 조직 안에서 자신의 임무와 역할을 수행할 때 기초가 되는 것은 자·효의 보편적 자아이고, 이 보편적 자아의 활동을 충분히 계발한 상태가 수신이다.

성의에 대한 다산의 평이한 해석

수신의 실질적 내용인 격물-치지-성의-정심 4조목의 공부를 지금까지 우리가 살펴본 주자학적 『대학』 해석의 체계에 따라 실제로 수행한다면, 그것은 사뭇 전문적인 공부가 되지 않을 수 없다. 아무나 쉽게 실행할 수 있는 공부가 아니다. 그와 같은 공부 체계에서의 격물·치지를 실행하려면 시간적 여유도 있어야 하고, 연마 과정도 필요할 것이다. 성의·정심 공부 역시 상당한 집중력을 필요로 할 것 같다. 이에 비해 다산은 매우 평범하고 지극히 일상적인 맥락에서 성의·정심을 이해하였다.

다산은 그 어느 공부가 되었든 『대학』이 담고 있는 공부는 모두 인간 사회의 윤리적 관계(인륜)를 벗어나지 않는다고 범위를 한정해 놓는다. 이러한 전제에서 다산은 철저하게 "성의는 곧 행위다〔誠意卽行〕"는 해석을 취한다. 이것은 주자나 양명의 『대학』 해석과는 판이하게 방향을 달리하는 이해다.

주자와 양명의 『대학』 이해가 형이상자(형이상의 것, 즉 理)의 존재를 긍정한 위에서 『대학』을 해석한 형이상학적 해석이라면, 다산의 해석은 전적으로 구체적 행위들만을 대상으로 하는 비형이상학적 해석이다. 우리가 이미 주자에 의한 성의(誠意) 해석을 접한 위에 또 하나의 이해를 덧붙인다는 것은 자칫 혼선을 초래할 수도 있으나, 다산의 성의 이해가 아주 평범하여 유익함이 많으므로 살펴볼 가치가 있다.

다산은 주자학이나 양명학에서처럼 마음 공부를 따로 설정하는 것에 반대한다. 송·명대의 신유학인 주자학과 양명학에 대하여 다산은 기본적으로 "취할 것은 취하고 버릴 것은 버려야 한다"는 태도를 갖고 있다. 송·명의 신유학이 전문적인 마음 공부를 설정한 것은 불교의 영향 때문이라는 것이 다산의 비판적인 시각이다. 다산

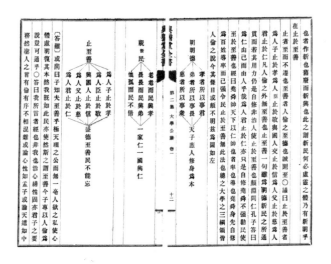

다산의 『대학공의』(大學公議)

에 따르면, 본래의 유학에는 그러한 전문적인 마음 공부가 없었다.

　　성의와 정심이란 주자나 양명에서처럼 특별히 마음 공부를 쌓는 것이 아니라, 예를 들어 효를 행할 때 진실한 마음으로 부모를 섬기는 것, 부모로서 자(慈)를 행할 때 진실한 마음으로 자녀를 사랑하는 것, 이런 각 행위들을 할 때 나의 내면이 진실한 마음으로 집중되어 있는 것, 이것을 『대학』은 "성의·정심"이라 말하고 있다는 것이 다산의 이해다. 성의·정심은 즉물궁리의 격물 공부에 의해 도달하는 경지가 아니며, 양명처럼 마음의 본체가 작용하는 찰나의 의념을 순수하게 지키는 공부도 아니다. 효·제·자 등의 행위를 할 때 정성을 다하여 행하는 것이 성의·정심이다. 다산은 이렇게 말한다.

> 아버지에게 효도하고자 하는 사람은 한번 방안이 따뜻한가를 살피더라
> 도 반드시 정성을 다하고, 한번 시원한가를 살피더라도 반드시 정성을
> 다하며, 한 가지 맛있는 음식을 갖추어 드리더라도 반드시 정성을 다하
> 고, 한 가지 의복을 세탁해 드리더라도 반드시 정성을 다한다. 손님에게
> 술과 고기를 접대하더라도 반드시 정성을 다하며, 부모의 잘못을 조심
> 스레 말씀드려 다시 잘못하시는 일이 없도록 할 때에도 반드시 정성을
> 다한다. 이런 것을 일러 성의라 한다.

양명학은 주자학이 나온 지 300여 년 후에 나왔지만, 주자학
진영에서 볼 때는 주자가 활동하던 시대에도 양명학적 경향을 갖는
유가들이 있었다. 역대의 주자학자들은 주자학의 즉물궁리에 반대
하는 이런 경향의 유가들을 모두 불교의 선(禪)으로 몰아 배척하였
다. 흥미로운 점은, 주자학이 되었든 양명학이 되었든 간에『대학』
의 성의·정심을 인륜의 실천에 앞서 특별히 닦아야 하는 도학적 마
음 공부로 해석하는 입장을 다산은 일괄하여 불교의 선으로 흐른다
고 비판하였다는 점이다. 다산의 다음 말은 송·명 신유학의 전통에
서 볼 때, 파격적인 발언이다.

> 만일 인륜에 의거하지 않고 단지 의념만을 취해서 성실하게 하는 것을
> 구하고 단지 마음만을 취해서 바르게 하는 것을 구한다면, 이는 망막하
> 고 황홀하여 종잡을 수 없게 될 것이니, 결국 좌선(坐禪)의 병폐에 떨어

지지 않을 사람이 드물 것이다.

정성을 다하여 인륜을 실천하는 것이 『대학』의 성의·정심 공부인데, 무슨 즉물궁리니 치양지(致良知)니 하면서 전문적인 마인드 컨트롤로 흘러 버렸다는 비판이다.

대부분의 사람들은 지금도 참선이나 좌선과 같은 전문적인 마음 공부는 불교의 선방에서나 행해지는 것으로 알고 있다. 필자도 처음에는 막연히 그렇게 알고 있었다. 성리학자들은 밤낮으로 이기(理氣) 심성론만 따지는 꽁생원들이었던 것으로 생각했다. 그런데 조선 시대에는 성리학자들의 전문적인 마음 공부가 불교계보다도 더 엄격하고 엄숙했다는 사실을 알고는 놀랐다. 선한 마음을 지킨다는 의미의 지심(持心 : 본연의 착한 마음을 회복하여 지킴)에 관하여 퇴계는 일정한 이론 체계를 갖고 있었으며, 남명 조식(南冥 曺植)은 방울을 달고 다니면서 마음 공부에 전념한 것으로 유명하다.

오늘날에도 선방에서는 가끔 사고가 일어난다. 전문적인 마인드 컨트롤 공부를 하다가 더러는 헛것을 보기도 하고, 더러는 몸에 열이 올라 곤경에 처하기도 한다. 조선조 선비들의 글에는 이런 부류의 사고와 관련된 언급이 가끔 눈에 띈다. 정신을 집중하는 수련 공부 중에 일어나는 이런 종류의 사고를 '심질(心疾)'이라 한다. 다산은 그런 전문적인 마음 공부는 『대학』 공부와는 무관하다며 다음과 같이 비판한다.

선배들이 마음 공부[心學]를 익히던 초기에 많은 사람들이 심질에 걸렸다. 이것은 선배들이 직접 한 이야기다. 구체적 행위와 관계없이 의념을 성실하게 하려 하고, 구체적 존재물과 관계없이 마음을 바르게 하려다가 발생하는 심질을 어찌 일일이 열거할 수 있으랴!

여기서 한 가지 주의할 점은, 다산이 전문적인 마음 공부를 불필요한 것으로 배척한 것은 아니라는 사실이다. 다산은 오히려 그런 공부가 이학가들에게는 중요할 수 있다는 점을 긍정하는 것은 물론, 이학가가 아닌 사람들에게도 그런 공부가 필요하다는 점을 인정한다. 다산의 반대는 『대학』을 비롯한 유가의 경전이 말하는 공부는 그런 전문적인 마음 공부와는 관련이 없다는 점에 초점을 두고 있다. 오늘날에는 마음 공부가 필요할 수 있으나, 본래의 유교 경전에는 그러한 내용이 없었다는 견해다.

훌륭한 정치의 출발점은 수신

『대학』 원문의 구조를 유심히 들여다보면, 전세계를 대상으로 하는 정치(평천하)-국가 사회의 정치(치국)-집안의 운용(제가)-나 개인의 수양 공부(수신)가 하나의 정합체로 연결되어 있음을 쉽게 알 수 있다. 전세계를 대상으로 하는 정치와 국가 사회의 정치가 하나의 영역으로 설정되고, 집안일과 나의 수양 공부가 다른 또 하나의 영역으로 설정되어 이 두 영역이 하나의 정합체로 연결되고 있다는 것이다.

한 사람의 인생이, 특히 지식인의 인생이 직접적 또는 간접적으로 간여하게 되는 세상의 얼개를 『대학』은 상하로 연결시키면서, '나-가족-국가-세계'의 선후 본말을 정확하게 파악하고 있어야 인류 사회의 평화가 이루어질 수 있다는 세계관을 보여 주고 있다.

이 세계관에서 특히 눈길을 끄는 것은 가족과 국가와 세계의 한 구성원으로서의 나의 활동이 모두 수신에 기초하는 구조라는 것이다. 수신의 내용은 내 안에 있는 보편적 자아의 자각임을 앞에서 우리는 확인하였다. 『대학』이 추구하는 훌륭한 정치는 가족의 한 구성원으로서의 활동을 비롯하여 '나'의 모든 사회 활동이 자·효·우·제 등의 보편심에 따를 때 실현된다는 것이 그 핵심 관념이다.

자녀를 아끼는 마음과 부모에게 효도할 줄 아는 마음은 누구나 가지고 있고 또 사람은 마땅히 자·효를 해야만 한다는 것은 초등학생들도 다 알고 있기 때문에, 모든 인간 마음의 공통 부분인 그 보편적 자아에 대한 자각이 꼭 지도층이나 일정 수준 이상 교육을 받은 사람만이 할 수 있는 것은 아니다. 2장 2절에 이런 부분이 있다.

『서경』 「강고」에 말했다.
"백성들 가운데 스스로 새로워지는 사람들이 있거든 그들을 높이 사라"
(2-2).

여기 「강고」편에서 인용한 원문은 "작신민(作新民)" 세 글자다. 여기의 '신'자를 '새롭게 하다', 또는 '새롭게 만들다'로 번역하는 것은 주자의 이해가 아니다. 주자는 여기의 '신'자를 그와 같이 타동사로 읽지 않고, '스스로 새로워지는[自新]'이란 뜻의 형용사로 이해하였다. 그렇다면 3강령 중의 '신민'과 여기 신민의 '신(新)'자(즉, "在新民"의 '新'과 "作新民"의 '新')는 서로 의미가 달라지게 된다. 재신민(在新民)에서의 '신(新)'은 '새롭게 하다'는 뜻의 타동사다. 다산은 작신민(作新民)의 '신(新)'도 타동사로 보았다. 그리고 주자는 작(作)과 신(新)을 각각 독립된 의미를 갖는 단어로 보았으나, 다산은 작신(作新)을 '일으켜 새롭게 하다'는 의미의 복합동사(連文)로 보았다.

주자는 여기의 민(民)을 문왕의 아들 무왕이 천하를 평정하여 주 왕조를 개창한 후에 상나라의 옛 땅 일부를 강숙(康叔)에게 봉할 때, 장차 강숙이 다스릴 그 옛 상나라 땅의 유민(遺民)들을 가리키는 것으로 보았다. 그들 대부분이 폭군 주왕이 통치할 때의 습속에 여전히 물들어 있는 것을 경계하도록 주의를 주면서, 그들 중에 '스스로 새로워지는 백성들이 발견되거든 그들을 높이 평가하여 다른 백성들의 귀감이 되도록 이끌어라'는 취지에서 "작신민(作新民)"하라고 지시하였다는 것이다. 정치의 출발점을 스스로 자신의 몸을 닦는 수신에 두었다는 것이 누누이 반복되는 문맥에서 『서경(書經)』의 이 말이 인용된 것으로 주자는 이해하였다.

반면에 다산은 여기의 "작신민(作新民)"을 백성들을 새롭게 일으킨다는 의미로 읽었다. 단, 다산이 이해하는 신민(新民) 개념은 주자가 3강령의 하나로 정립한 신민 개념과는 크게 다르다. 둘 다 신(新)자가 목적을 갖는 타동사로 읽혀지고 있으나, 다산의 경우는 백성들에게 모범을 보이고 좋은 풍속을 유도하여 백성들이 새로워진다면 자연히 나라가 새로워진다는 소극적 맥락에서 신민을 이해한 반면에, 주자는 백성들을 직접 가르쳐 교화시킴으로써 국가를 발전시킨다는 적극적인 맥락에서 신민(3강령 중의 신민)을 말했던 것이다. 그러나 신민을 어느 쪽으로 이해하든, 훌륭한 정치의 토대를 각 개인의 수양 공부에서 확보한다는 점에서는 일치한다.

이러한 세계관은 정치와 개인의 수양이 연결되지 않는 현대의 사회 운용에 반성의 계기가 될 수 있다. 텔레비전 화면과 신문 지상을 통해서 보고 읽고 판단을 하다 보면, 어떤 인사에 대해 그의 본심이야 어떻든, 그의 선 의지가 어떠하든 그런 것에 관계없이, 연기력이 뛰어난 사람이 훌륭한 공직자요 인격자로 추앙받는 일이 너무도 쉽게 일어날 수 있다. 현대 정치의 이런 문제점과 관련하여, 사회에서의 공직 활동과 그 개인의 도덕 수양이 직결되어야 함을 말하는 『대학』의 사상은 깊이 음미해 볼 가치가 있다.

지금까지 살펴본 성의–정심–치지–격물은 모두 수신에 속하는 사항들이다. 개인의 수양이 곧바로 일가 친척의 범위(제가), 국가 사회의 범위(치국), 그리고 지구촌 및 대자연계를 포괄하는 범위(평천하)까지 일직선으로 연결되는 구조에서 『대학』은 사회과학 분야와 뗄 수 없는 관계를 갖고 있다.

서구의 학문관에서 비판적으로 본다면, 유학의 이러한 구조는 정치와 윤리와 종교의 뒤범벅이라 말할 수 있다. 그렇다고 구미의 사회과학 연구가 공직자의 도덕성 함양과 관련하여 20세기의 인류 사회에 크게 도움을 주었는가 하면, 그렇지도 못하다. 구미의 사회과학이 세부 전공의 전문 연구에서는 커다란 공적을 세웠지만, 그러한 사회과학의 발달로 인하여 20세기의 인류가 과거보다 더 행복해졌다고 말하기는 어렵다. 더욱이 21세기의 인류 삶에 그들의 연구가 어떤 기대되는 전망을 내놓을 가능성도 희박하다.

결국 넓게는 동아시아의 지식인들, 좁게는 한국의 지식인들은 수신과 평천하를 일직선으로 연결한 선조들의 사고방식과 접근법을 장차 21세기 인류의 삶을 위한 하나의 대안으로 끌어안고서 현대의 학문으로 개척해 나갈 필요가 있을 것이다.

새들도 머물 곳을 안다

6. 새들도 머물 곳을 안다

『대학』이 최종적으로 실현하고자 하는 목표는 지선(至善)이다. 지선
이란 '지극한 선'을 의미한다. 선(善) 중에서도 최상의 선(즉, 최선)
이 지선이다. 가령 효녀 지은이가 오늘날의 학생이라 할 때, 학비 조
달을 위해 밤낮으로 애쓰시는 어머니를 위해 방학 동안 시간 나는
대로 아르바이트를 하여 선물이나 옷을 한 벌 사드리는 일도 선행이
고, 그런 아르바이트를 할 시간에 도서관에 가서 더 열심히 공부하
는 것도 선행이다. 둘 중 어느 것이 더 지선에 가까운지를 판별하려
면, 명확한 판별 기준과 지은이가 처해 있는 상황에 대한 좀더 많은
정보가 필요하다. 『대학』이 말하는 지선은 이처럼 여러 선 가운데
최상의 것을 가리킨다고 이해하면 될 것이다.

　　『대학』의 지선에 대한 역대 학자들의 이해는 학자에 따라 견해
차이가 있다. 대체로 지선이란 지은과 일두의 효행과 같은 구체적인
행위나 개별적인 덕목의 가장 적절한 실현을 가리킨다고 보는 방향
과, 이것을 추상화하여 형이상학적으로 규정하는 방향이 있다.

　　이것을 가령 어느 성직자가 혼례식에서 주례를 설 때와 투병

중인 신도를 위로하고 기도할 때를 설정하여 설명해 보자. 『대학』의 지선은 이 성직자가 혼례식에서는 주례자로서의 소임을 최상의 상태로 수행하고, 신도를 위문하러 가서는 최상의 상태로 위로하고 기도해 주는 것을 말한다는 해석이 있다.

한편 다른 학자는 『대학』의 지선은 그러한 최상의 선행들을 산출하는 마음의 경지, 즉 깨달음의 경지를 말한다고 본다. "지극한 선에 머문다〔止於至善〕"를 전자의 입장에서는 구체적 행위에서 최상의 선행을 한다는 것으로 이해하는 반면에, 후자의 입장에서는 마음 공부를 통한 내면의 의식 상태를 최상의 경지로 올리고 계속 유지한다는 것으로 이해한다.

사실 이 두 가지는 서로 별개의 것이 아니다. 마음이 없이 최상의 선행이 나올 수는 없는 일이고, 반대로 마음은 지선의 경지에 올라 있는데 행위는 그것과 관계없이 따로일 수는 없는 일이다. 해석하는 학자의 철학적 입장에 따라 어느 것을 목표로 하느냐를 서로 달리하는 것으로 보면 되겠다.

만일 효녀 지은이 구체적으로 무엇을 어떻게 했어야 한다는 것인지, 일두 모자는 각각 어떻게 했어야 한다는 것인지를 묻는다면 어느 해석자에게나 차이가 없다. 지은과 일두는 효심(孝心)에 따라 행위하고, 일두 모친은 자심(慈心)에 따라 행위하는 것이 최상의 선이다.

지극한 선이란

다산은 지선을 "인류 관계에서 자신이 할 역할을 다하는 것〔人倫之所
自盡〕"으로 이해하였다. 자녀로서는 자녀의 역할을 다하고 부모가
되어서는 부모의 역할을 다하는 것, 임금으로서는 임금의 역할을 다
하고, 신하의 위치에 서서는 신하의 역할을 다하는 것이 지선이다.

주자와 왕양명은 여기서 더 나아가 지선을 형이상학화했다. 주
자는 지선을 "사리의 당연한 표준〔事理當然之極〕"으로 정의하였고,
왕양명은 "양지(良知)의 본체, 즉 천명(天命)의 본성이 발현한 것인
착한 마음의 본체"로 이해하였다. 주자가 지선을 사리의 표준으로
말하였으나 이것이 외재하는 어떤 것을 가리키는 것은 아니고 부모
로서의 자(慈), 자녀로서의 효(孝)와 같은 덕목을 의미한다. 주자가
말하는 지선의 표준이란 결국 그것을 깨친 마음의 최고 경지에 이르
러 옮기지 않는 것을 의미하는 것이다.

지선을 무엇으로 규정하느냐는 철학자 각자 자신의 형이상학
적 입장에서 설명한 것이고, 누가 어떻게 이해하든 『대학』의 지선이
사회 조직 속에서 자신에게 기대되는 역할에 최선을 다하는 것을 뜻
함에서는 일치한다. 『대학』 3장 3절은 이렇게 말한다.

『시경』에 이렇게 말한다.
"크고 깊은 덕을 다 계발하신 문왕이시여,
아아, 끊임없이 밝은 덕을 계발하시고 공경하는 마음으로 지극한 선에
머무시었도다!"
성인인 문왕은 임금이 되어서는 인(仁)에 머물고, 신하가 되어서는 공

경[敬]에 머물고, 자녀가 되어서는 효도[孝]에 머물고, 부모가 되어서는 자애[慈]에 머물고, 나라 사람들과 사귈 때는 신의[信]에 머물렀다 (3-3).

여기 인용된 시문은 『시경』「대아(大雅)」편「문왕(文王)」시의 일부다. 문왕은 고대 중국의 성인 왕 중 한 사람이다. 신하로 출발하여 덕행으로 마침내 천하를 평정하였기에 훗날 군주의 사표이자, 선(善)의 상징으로 추대되었다. 『시경』의 위 시는 문왕이 아들로서는 아들의 지선인 효도하는 마음을 굳게 지켰고, 아버지가 되어서는 자녀를 자애하는 마음을 굳게 지켰으며, 임금이 되었을 때는 임금의 지선인 인(仁)에 이르러 변치 않았고, 신하로 있을 때는 신하의 지선인 경(敬)에 이르러 변치 않았다는 것을 찬양하는 시다.

지은의 경우, 자녀로서 부모에 대한 효심을 충분히 계발하고 그것을 꼭 붙들고서 효행을 하는 것이 지선이고, 지은이 자녀로서 이 지선을 계속 유지한다면 그것이 지극한 선에 머무는 것이다. "지선은 인륜을 벗어나지 않는다"를 힘주어 말하는 다산은 예컨대 진실한 마음으로 부모를 섬기는 것, 진실한 마음으로 자녀를 사랑하는 것, 진실한 마음으로 윗사람을 공경하는 것과 같은 구체적 행동을 지선으로 간주한다.

3강령 중 세 번째인 "지극한 선에 머문다[至於至善]"의 그칠 지(止)자를 주자는 "반드시 여기에 이르러 옮기지 않는다[必至於是而不遷]"는 의미로 풀이하였다. 어느 주석가이든 이 풀이에 다른 의견을 제시한 일은 없는 것으로 보인다. 그칠 지(止)에 대한 우리 말 번역으로는 '머문다'가 가장 많고, '그치다'는 번역도 보인다. 여기서는 '머문다'와 '이르러 변치 않는다'를 지(止)의 번역어로 채택한다. 여기의 '머문다'는 '친척집에 며칠 머무르다'와 같은 단순한 유숙의 의미가 아니라, 일정한 경지에 이르러 그 경지를 계속 유지하는 것을 뜻한다.

『대학』에서 말하는 '머문다〔止〕'는 개념은 존재론(ontology)상으로 세상의 모든 생명체에게는 일정한 소임과 역할이 주어져 있음을 전제로 한다. 무인도에 혼자 가서 사는 사람과 같은 독존자(獨存者)는 없다는 생각이다. 이것은 동아시아 전통의 인간관을 이해할 때 대단히 중요한 부분이다. 우주 전체로 말하면, 소나무에게는 소나무로서 살아갈 영역과 임무가 있고 염소에게는 염소에게 주어진 본분과 소임이 있다는 세계관이다. 인간 사회로 좁혀서 말하면, 오륜(五倫)의 조직을 떠나 살아갈 수 있는 독존자란 있을 수 없고, 태어나서는 자녀로서, 어른이 되어서는 부모로서 마땅히 해야 할 역할이 있고, 군주의 지위에 있을 때는 군주로서, 신하의 위치에서는 신하로서의 직무가 주어져 있다는 사고 체계다. 만일 염소가 하늘을 날아다닌다면 제 역할을 벗어난 것이고, 소나무가 바다 속에 잠겨 있다면 제 위치를 벗어난 것이다. 유가 철학에 따르면, 이런 일들은 세상의 이치가 아니다.

『대학』이 지향하는 세계의 평화, 『대학』이 바라보는 우주의 정상적인 모습은 세상의 각 존재물이 자신의 위치에서 자신의 역할을 다하는 것이다. 이것은 지극히 평범하고 자연스런 소망이다. 3장 3절은 이렇게 말한다.

『시경』에 말하였다.

"꾀꼴꾀꼴 노래하는 꾀꼬리여,

깊은 산 울창한 숲에 머물러 살고 있고나!"

공자가 말하기를 "어디에 머물러 살아야 하는지에 관하여 새들도 그 머물러 살 곳을 알고 있거늘 사람이 새만 못해서야 되겠는가!"라고 하였다 (3-3).

새가 머물 곳은 숲이다.[7] 새는 숲에 머물며 살아가고 물고기는 물에 머물며 살아가듯이, 장관은 장관의 직위를 지키면서 그 소임을 다하고 차관은 차관의 지위를 지키면서 그 직무를 다하여야 한다는 것이 공자의 세계관이었다. 그래서 『시경』에 실려 있는 이 시를 읽으면서 사람이 새만도 못해서야 되겠느냐고 말한 것이다. 어느 주자 학자는 다음과 같이 부연 설명한다.

새가 날다가 내려앉고자[止] 할 때는 한갓 새임에도 자신이 마땅히 어디에 내려앉아야 하는지를 아는데, 어찌 만물의 영장인 사람이 되어 가지고 도리어 저 어디에 머물러야 하는지를 알고서 그곳에 머무르는 새만도 못할 수가 있겠는가!

만물의 영장[萬物之靈]이라는 표현이 여기서 등장하고 있다. 사람은 만물의 영장이기 때문에 사람들 사이에서 그저 그렇게 살아가는 것을 '머무는 것[止]'으로 간주할 수는 없다. 동물들도 지능이 있고, 특히 원숭이나 침팬지는 상당한 수준의 사유 역량을 갖고 있다. 인류는 모든 생물 중 가장 빼어난 정신 역량을 가진 존재[靈長]이기에 사람은 인간 사회 조직의 도리를 깨달아 합당하게 처신하여야 하고, 더 나아가 세계를 구성하고 있는 모든 존재물의 원리를 깨달아 우주의 운행에 동참하여야 한다. 주자는 보망장에서 이렇게 말한다.

> 이런 까닭에 『대학』을 처음 가르칠 때 반드시 학생들로 하여금 천하의 각 사물을 대상으로 하여 자신이 이미 알고 있는 그것의 이(理)를 기초로 하여 더욱 궁구해서 완전하게 깨달을 때까지 공부하도록 시키고 있는 것이다. 오랫동안 공력을 쌓아 어느 시점에 갑자기 모든 이치를 확연히 꿰뚫어 알게 되는 경지에 이르면, 모든 사물의 표면과 이면 및 전체 윤곽과 세밀한 내역을 빠짐없이 알게 되고 내 마음의 본체와 작용이 온전하게 드러날 것이다. 이것을 일러 '사물이 격해졌다[物格]'고 말하고, 이것을 일러 '앎[知]이 지극해졌다[知之至]'고 말한다.

부모는 자녀에게 무엇을 어떻게 해야 하는지, 신하는 군주에게 무엇을 어떻게 해야 하는지 등에 관하여 우리는 어느 정도 알고 있다. 신유학자들이 말하는 이(理)란 그러한 것들을 가리킨다. "각자 이미 알고 있는 그 이를 출발점으로 삼아 더욱 궁구해서 완성시킨 경지"가 물격의 경지이고, 지(知)가 지극해진 경지[知之至, 즉 致知]다.

절차탁마

『대학』에 따른다면, 성인의 경지에 이른다는 것은 이 세상 모든 존재물의 존재 근거[所以然]와 운행 원리[所當然]를 철저히 깨닫는 물격의 실현을 의미한다. 신라의 효녀 지은이가 효심을 발휘하여 홀어머니를 지극 정성으로 봉양한 행위는, 우주 전체의 운행이라는 관점에서 볼 때는 사람이라는 존재물이 지켜야 하는 정상적인 원리에 따른 행위가 되고, 윤리의 관점에서 말한다면 자녀 된 자로서 마땅히 해야만 하는 것을 실천한 것이 된다. '마땅히 해야만 하는 것'을 유학에서는 소당연(所當然)이라 말한다. 소당연은 글자 뜻 그대로 옮기면 '마땅히 그러한 바'이다. 한편, "왜 지은과 일두 모친은 효행(孝行)과 자행(慈行)을 해야만 하는가"에 대한 유교적 답변은 "사람은 태어날 때부터 이미 그렇게 하도록 명(命)을 받았기 때문에"이다. '그렇게 하도록 되어 있는 까닭(근거)'을 유학에서는 소이연(所以然)이라 말한다. 소이연은 존재론(ontology)의 소관이고, 소당연은 윤리학(ethics)의 소관이나, 양자가 별개의 것은 아니고 이(理)의 두 가지 측면일 뿐이다. 사람의 이(理), 소와 말의 이(理), 대나무의 이(理)……이러한 각 존재물의 이(理)를 깨달은 마음의 상태가 물격(物格)이다.

　물격에 이를 수 있는 자질은 사람이라면 누구나 갖추고 있다. 단, 자기 수양의 공부 없이는 이 경지에 이를 수 없다. 그 공부의 과정은 굳은 신념에 의한 끊임없는 노력의 연속이다. '절차탁마(切磋琢磨)'라는 말이 여기서 의미를 갖게 된다. 『대학』 3장 4절은 이렇게 말한다.

『시경』에 이렇게 말한다.

"저 기수(淇水)의 굽어진 언덕을 바라보니,

푸른 대나무가 아름답게 우거졌구나!

덕행으로 빛나는 우리 제후 무공(武公)이 그러하도다,

마치 자른 듯하고 깎은 듯하며,

마치 쪼은 듯하고 간 듯하구나.

치밀하고 굳세며

훤히 드러나고 널리 칭송되니

덕행으로 빛나는 우리 제후 무공이 그러하도다,

언제까지라도 잊지 못하리!"

이 시에서 "마치 자른 듯하고 깎은 듯하다"는 학문을 말하며, "마치 쪼은 듯하고 간 듯하다"는 자기 수양을 말한다. "치밀하고 굳세며"는 안으로 항상 두려워하고 조심하여 마음 공부를 쌓는 것이고, "훤히 드러나고 널리 칭송되다"는 밖으로 드러나고 칭송되어 본받게 되는 것이다. "덕행으로 빛나는 우리 제후 무공이 그러하도다, 언제까지라도 잊지 못하리!"는 이런 성인의 인격이 보여 준 성대한 덕과 지극한 선을 백성들은 잊지 못함을 말한다(3-4).

위 시에 나오는 무공은 주 왕조 때 위(衛)나라의 무공으로, 나라를 잘 다스렸고 후에 천자를 도와 공을 세움으로써 주 왕실의 재상이 되었던 사람이다. 그는 90세가 넘어서도 덕의 계발과 학문을 게을리하지 않아 널리 사람들의 칭송을 받았다. 그를 칭송하는 노래가 『시경』에 채록된 것인데, 『대학』의 저자는 이것을 "지극한 선에 머물다〔止於至善〕"라는 맥락에서 읽어 인용한 것이다.

　　본래 절차탁마에서 '절(切)'은 뼈를 다듬는 것을 말하고, '차(磋)'는 상아(뿔)를 다듬는 것, '탁(琢)'은 옥을 다듬는 것, '마(磨)'는 돌을 다듬는 것을 말한다. 이것을 주자는 더 보완하여 다음과 같이 이해하였다. 주자에 따르면 절은 칼과 톱으로 작업을 하는 것이고, 차는 줄과 대패로 하는데, 뼈와 뿔을 다루는 사람들은 먼저 칼과 톱으로 모양을 만들어 놓고서 줄과 대패로 다듬어 매끄럽고 윤택이 나게 한다. 또 탁은 망치와 끌로 하고, 마는 모래와 돌로 하는 것으로, 옥과 돌을 다루는 사람들은 먼저 망치와 끌로 재료를 쪼아 모양을 잡아 놓고는 사포나 숫돌 등으로 갈아 광채 나게 한다고 한다. 덕과 학에 있어서도 이와 같이 갈고 다듬어 빛이 나는 정도에까지 이르도록 꾸준히 닦아 나가야 함을 말한 것이다.

이룰 수 있는 나라

세계적인 유명 테니스 선수들 중에는 자신과 별로 관련이 없는 나라의 국적을 갖고 있는 사람들이 있다. 이유는 세금 때문이라고 한다. 수입이 엄청나다 보니 세율을 낮게 적용하는 나라로 국적을 옮기는 것이다. 만일 이 점만을 놓고 말한다면, 자기 개인에게 최대의 이익을 주는 나라가 지상 최고의 나라가 된다. 유학에서는 어떤 사회를 이상적인 사회라고 생각할까?

　　유교에서는 최고 권력자 및 공직자들이 천부의 착한 마음을 계발하여 바르고 밝은 마음으로 공무를 수행하는 나라를 이상적인 사회라고 생각한다.

『대학』은 만일 임금과 그 휘하 공직자들이 물격과 치지의 마음으로 공직을 수행하는 나라가 있다면 백성들은 누구나 그런 곳에 가서 살고 싶어할 것이라는 의미에서 다음 시를 인용하고 있다.

> 임금이 계시는 도읍지 천 리 땅이여,
> 백성들이 가장 머물러 살고 싶어하는 곳이로다(3-1).

여기서 말하는 "임금이 계시는 도읍지"는 단순히 임금이 사는 수도를 가리키는 것이 아니라, 임금다운 임금이 통치하는 땅이라는 뜻이다. 임금다운 임금이란 밝은 덕을 충분히 계발하여 이 마음으로 백성들을 이끌어 가는 임금이다. 그렇다고 모든 백성들이 밝은 덕을 충분히 계발하여 사회의 모든 구성원이 지선의 경지에 이르는 것을 『대학』이 기대하는 것은 아니다. 통치자로서는 그러한 이상 사회를 목표로 설정할 수 있겠으나, 『대학』이 기대하는 것은 최고 권력자를 비롯한 공직자들이 자·효·우·제 등의 덕으로 공무를 수행함으로써 백성들이 마음으로 신뢰하고 충성을 다하는 사회다. 10장 6절은 이렇게 말한다.

> 그러므로 통치자는 무엇보다도 먼저 자신의 밝은 덕에 온 주의를 기울여야 한다. 통치자가 밝은 덕을 가지고 있으면 따르는 백성들이 있게 되고, 따르는 백성들이 있으면 영토가 있게 되고, 영토가 있으면 재물이

있게 되고, 재물이 있으면 쓰고 싶은 일에 충분히 쓸 수 있게 되는 것이다(10-6).

『대학』은 덕과 재물의 관계를 여러 번 분명하게 말하고 있다. 현대 사회에서 살아가는 우리의 상식으로는 백성들이란 돈이 많은 땅으로 몰리는 것이 당연한 것처럼 생각될 수 있다. 재물이 많은 땅에 사람들이 이주해 오면 인구가 늘어날 것이고, 인구가 늘면 부강한 나라가 되어 영토도 늘어날 것으로 생각된다. 우리의 이런 상식적인 사고에 비추어 말한다면, 『대학』에서 말하는

밝은 덕이 근본이고, 재물은 말단이다(10-7).

와 같은 말은 현실과 거리가 있는 이상적인 말로 들린다. 이 점은 다음과 같이 이해해야 할 것이다.

즉, 『대학』을 읽을 때 주의를 기울여야 할 것 중의 하나가 『대학』이 사회의 모든 구성원에게 밝은 덕을 계발하여 지선의 경지에 머무르기를 기대하는 것은 아니라는 점이다. 『대학』은 본래 공직을 맡는 지도층 사람들을 위한 공부다. "덕이 근본이고 재물은 말단이다"는 말은 공직자들에게 하는 말이지, 백성들에게까지 하는 말은 아니다. 10장 8절의 다음 말은 이 점을 분명하게 해준다.

만일 통치자가 근본인 덕을 바깥의 이차적인 것으로 삼고 말단인 재물을 내면의 일차적인 것으로 삼는다면, 백성들에게 재물을 놓고 서로 다

투게 만드는 것이고 서로 재물을 빼앗는 것을 가르치는 결과가 될 것이다(10-8).

　백성들이 본래 법도, 도덕도 무시한 채 무턱대고 재물을 많이 차지하려는 본성을 갖고 있는 것은 아니다. 다만 사회의 지도층이나 권력자들이 재물에 가치의 기준을 두고서 더 많은 재화와 더 좋은 것을 차지하려 하는 모습을 보일 때, 백성들 역시 점차 가릴 것 없이 서로들 더 많이 차지하려 다투고 싸우고 빼앗는 상황에 이르게 된다. 결국 통치자가 백성들에게 재물 약탈을 가르친 셈이 되고 만다는 것이다.

　유가 철학자들이 통찰했던 것은 재화가 권력과 결탁되면 반드시 재물이 소수에게 집중되게 마련이며, 그 결과 민심이 떠나게 된다는 점이었다. 오늘날에는 이 나라에서 저 나라로 이민 가는 절차가 까다롭지만, 고대 사회에서는 정권이 민심을 잃으면 민초들은 살기 나은 땅을 찾아 떠나곤 했다. 백성들까지 모두 밝은 덕을 계발하여 지선에 머문다면 더 바랄 게 없겠으나, 『대학』의 메시지는 최소한 공직자들만큼은 재물 욕심을 뒤로 미루고 밝은 덕을 우선으로 여겨야 건실한 국가 사회가 이루어져 백성들이 살고 싶어하는 땅이 된다는 것이다.

유교적 이상 사회

역대의 유가 철학자들은 어떠한 사회를 이상적인 사회로 생각하였을까? 흔히 역대 유가들이 꿈꾸어 온 이상 사회의 모델로 『예기』 「예운」편에 다음과 같이 묘사되어 있는 대동(大同) 사회가 거론되어 왔다. 그러나 대동 사회는 유가의 이상 사회가 아니라 묵가(墨家) 학파가 추구하던 이상 사회라는 주장이 있는가 하면, 대동 사회는 어느 한 학파의 이상 사회가 아니라 중국 고대의 주요 학파(유가·묵가·도가 등)가 실질상으로 공유하던 이상 사회의 모형이라는 견해도 있다. 우선 「예운」편에 묘사된 내용을 보자.

> 큰 도가 행해지면, 온 세상에 사사로움이 없이 공적인 활동만이 있게 되어 덕 있는 현인이 공직을 맡고 유능한 인물이 역량을 발휘하여, 일을 함에 있어 신뢰성이 확보되고 사회 구성원들 간에 화목한 관계가 유지된다. 그러므로 사람들이 자기 부모만을 친애하거나 자기 자녀만을 사랑하지는 않음으로써, 노인들은 일생을 편안히 마치고 젊은이들은 각자의 능력에 따라 열심히 일하며 어린이들은 몸과 마음이 잘 자라고, 홀아비[矜]와 과부[寡]와 고아[孤]와 자식 없는 노인[獨]과 폐질을 앓고 있는 사람들도 모두 부양을 받게 된다. 남자는 일정한 직분을 갖고 있고, 여자는 출가 전이나 출가 후에나 일정한 소속이 있다. 그 사회 사람들은 재화가 헛되이 쓰이거나 버려지는 것을 미워하며, 굳이 개인이 재화를 소유할 필요성을 느끼지 않는다. 그 사회 사람들은 스스로 노력(努力)하지 않는 것을 미워하며, 자신의 노력을 굳이 자신만을 위해서 쓰려고 하지는 않는다. 이런 까닭에 사사로운 계략이나 음모가 통하지 않으며, 절도나 강도나 난적 및 부정부패가 일어나지 못한다. 그래서 바깥 문을 잠그지 않으니, 이런 사회를 대동 사회라 부른다.[8]

사회의 운용에 사(私)가 없이 모든 것이 공적(公的)인 과정으로 진행된다는 천하위공(天下爲公)의 관념은 중국 역사상 이상 사회를 꿈꾸어 왔던 많은 사상가들에게 공통된 것이었다. 근대의 손문과 강유위도 모두 천하위공을 내세웠다.

　　공(公)과 사(私)의 문제는 앞으로 연구가 많이 이루어져야 할 과제의 하나로, 필자가 이해하는 한 유학에서는 가정이 공(公)의 영역에 속한다. 이에 반해 서양의 지적 전통에서 공(公)은 원칙적으로 가정 바깥의 영역이다. 서양의 전통에서 가정은 사(私)의 대표적 내용인 반면에 동아시아의 유가 철학에서는 부모·형제 등으로 구성되는 가정이 공의 영역에 속하는 것이다.

　　한편 공동체만이 강조되고 사유 재산이 인정되지 않는 점 등을 근거로 일부 사회주의권 사람들은 여기의 대동 사회를 원시 공산 사회의 한 유형으로 보기도 한다(이성규 역, 128쪽). 그러나 유교의 천하위공 관념은 반드시 예(禮)를 전제로 한다는 점을 소홀히 여겨서는 안 된다.

　　예(禮)의 생활은 고도의 문화적 삶이라 말할 수 있다. 예에 의거하는 천하위공의 사회에 '원시'라는 개념은 어울리지 않는다고 생각한다.

　　『대학』이 최종적으로 지향하는 것은 세계 평화 속에 각자가 의미 있는 삶을 살아가는 평천하(平天下)다. 『대학』을 집중 연구한 김철운의 연구 보고에 따르면, "『대학』의 '천하관'은 '천하'는 반드시 '모든 사람들에 의해서 함께 공유되는 정치 이상의 실현장'이어야 하고, 그 속에서 '모두가 평화롭고 안락한 생활을 영위해야 한다'는

'평천하'에 집결된다"(김철운, 79쪽)고 한다.

중국의 주자와 왕양명, 그리고 우리나라의 그 많은 조선조 성리학자들과 다산이 꿈꾼 평천하의 경지란 "'힘에 의한 정복'이 아니라 '인간들 각각의 끊임없는 자각에 의해 획득된 도덕성을 천하에 실현하여 그 속에 있는 모든 사람들이 평화롭게 살아가는 원대한 정치 이상의 세계'"(김철운, 85쪽)를 말한다.

하지만 다 같이 도덕적 자각에 연원을 두는 세계의 평화를 지향한다 하더라도 입장이 서로 다를 수 있다. 대동 사회에서는 "자기 부모만을 친애하거나 자기 자녀만을 사랑하지는 않는다"는 「예운」편의 서술은 유가와 묵가의 분기점에 걸려 있는 말로 볼 수 있다. 다시 말해, 이 말을 이렇게 해석하면 묵가의 주장이 되고, 저렇게 해석하면 유가의 주장이 된다는 것이다.

나의 부모와 남의 부모 간에 차등을 두지 않는 것은 묵가의 사상이다. 유가 쪽 입장에서 말한다면, 이웃집 아저씨·아주머니의 상(喪)에도 내 부모의 상과 마찬가지로 똑같이 3년상을 치러야 한다는 온 세상 한가족주의가 묵가의 사상이다. 묵가의 입장에서 반론을 편다면 묵가의 인간관이 꼭 그런 방향은 아닐 수 있으나, 유가 쪽에서 본다면 그렇다는 것이다.

반면에 유가 사상은 나의 부모를 대하는 효심을 키워 그 마음으로 남의 부모를 대하며, 내 자녀를 사랑하는 자애심을 키워 그 마음으로 남의 자녀를 따뜻하게 대하자는 주장이다.

유교에서는 어떠한 경우에도 사람은 로빈슨 크루소처럼 혼자 살아가지는 못하는 존재라고 본다. 인간은 사회적 존재라는 관점을 철저히 고수하는 것이다. 소설 속의 로빈슨 크루소처럼 무인도에 상륙하여 혼자 생명을 유지하는 것이 가능할지는 모르나, 표류하기 전에는 크루소에게도 부모 형제와 벗들이 있었듯이 우리네 인생은 혼자 살아갈 수 없고 반드시 부모 형제를 비롯한 사회적 인간 관계의 그물망에서 한 코에 위치하여 살아가는 존재라는 것이 유교적 인간관의 대전제다. 그물은 수많은 코로 구성된다. '나'는 그 중의 한 코이며, 삼촌·사촌·오촌……의 코는 '나'를 중심으로 점점 멀어지는 코다. 유교에서는 '나'를 기준으로 이 멀고 가까움(親疏)에 따라 예(禮)에 차등을 둔다.

그런데 어느 사회에나 고아와 홀아비, 과부, 자식 없이 노년을 보내는 독거 노인, 불치병 환자들이 있다. 나이든 홀아비를 위 인용문의 원문에서는 '矜(관)'자로 표기하였으나 보통은 '鰥(환)'자로 표기한다. 나이 든 과부를 '寡(과)'라 불렀고, 고아를 '孤(고)', 자식 없이 홀로 사는 노인을 '獨(독)'이라 불렀다. 이들을 세상에서 가장 어려운 처지에 있는 사람들이라 하여 궁민(窮民)이라 일컬었다.

바람직한 사회라면 최소한 이들을 따뜻한 가족 감정으로 감싸 주고 이들과 더불어 살아가는 사회여야 할 것이다. 또한 제 격을 갖춘 철학 사상이나 종교 사상이라면 이들에 대한 인간애(人間愛)의 근거 및 실천 방법을 제시하고 있어야 할 것이다.

이 점에서 20세기 한국의 유교인들은 깊이 있게 되돌아보아야 할 것 같다. 예를 들면 소록도의 불치병 환자들이나 청량리 어느 구역에 사는 여인들에 대해, 또 태어난 것이 무슨 죄인지 단지 본부인 태생이 아니라는 사실 하나만으로 평생 서자라는 무형(無形)의 딱

지를 달고서 불이익을 받으며 살아가는 사람들에 대하여 20세기의 유교인들은 아무런 대책도 세우지 못했고 어떤 배려도 하지 못했던 것이 사실이다. 비극의 한국전쟁 이후로 기독교가 한국 사회의 밑바닥에서 신음하는 환과고독(鰥寡孤獨)을 끌어안는 박애(博愛)를 실천하는 동안 유교계는 무엇을 하였던 것일까? 그들 유교인들은 어떤 사회를 이상 사회로 생각하였던 것일까?

한국의 유교가 다시 태어나야 한다는 주장은 성균관과 향교를 다시 지어야 한다는 말이 아니라, 유교적 세계관을 가진 사람들로서 마음을 다시 곧추 잡아야 한다는 말일 것이다. 예컨대 환과고독의 소외된 사람들에 대한 배려는 돈 많이 벌어 많이 베푼다고 해결되는 문제가 아니다. 동양의 전통에서는 재화를 많이 늘리고 넓은 땅을 차지하는 것을 진보로 생각하지 않았다. 우리 내면의 마음에서 진보를 체험하는 것을 세상살이의 진보로 여겼다. 이제부터는 이 점을 짚어 보기로 하자.

동아시아적 진보

7. 동아시아적 진보

14세기 이후로 500년 이상 동아시아의 정신 문명을 주도한 주자학의 건설자, 주자는 『대학』 원문의 "친민(親民)"을 "신민(新民)"으로 고쳐 읽었다. 『대학』의 3강령 중 하나인 친민의 친할 친(親)자를 새로울 신(新)자로 고쳐 읽은 최초의 학자는 남송의 주자보다 앞선 북송의 정이천이었다. 북송(960~1127)과 남송은 모두 송 왕조이지만, 북송이 먼저이고 남송이 후대이다. 북송 정이천의 『대학』 이해를 남송의 주자는 거의 그대로 계승하면서 완성시켰다. '정주철학(程朱哲學)'이나 '정주이학(程朱理學)'이라는 명칭은 정(程)씨 성과 주(朱)씨 성을 가진 이 두 철학자의 긴밀한 학술적 연관성에서 유래한다.

중국 역사에서 북송 시기는 커다란 변혁이 진행된 시대의 하나다. 그 정점에 위치하는 인물이 이른바 신법(新法)을 대표하는 왕안석(王安石, 1021~1086)이다. 정이천이나 훗날 남송의 주자는 왕안석에 반대하는 입장을 취했다. 하지만 그것은 정치적 입장의 차이에 불과하고, 혁신의 필요성에 대해서는 모두 같은 신념을 갖고 있었다. 이들뿐만 아니라, 그 시대의 주요 지식인들 모두가 혁신의 필요성을 공감하였다. 그래서 그들이 시도한 작업에 새로울 신(新)자가 많이 들어갔던 것이다. 새로운 해석을 의미하는 신의(新義), 새로운 의례를 의미하는 신의(新儀), 백성을 새롭게 한다는 의미의 신민(新民) 등이 다 그 시대 지식인들이 새로운 것을 추구한 데서 형성된 개념들이다.

중국 사회의 변혁기에 등장하는 '새로울 신'자의 개념은 황무지를 개척하거나 옛 건물을 완전히 철거하고서 주춧돌부터 새로 놓는 재건축을 의미하지 않는다. 요즈음의 용어로 말하면 리모델링이 중국인의 '신(新)' 개념과 통한다. 주춧돌과 기둥 등 기본 골격은 그대로 유지하면서 새로운 시대 여건에 부응하는 건물로 개조하는 것이 중국인의 '신' 개념이다. 공자가 말한 "온고지신(溫故知新)"에서 만일 고(故 : 전통을 가리킴)를 소홀히 하는 신(新)이 있다면 전혀 허용될 수 없다는 이야기가 되겠다.

새로울 신(新)자의 문화적 의미

19세기 이래 거세게 밀어닥친 서구의 근대화 물결에 동아시아 각국이 크고 작은 굴곡의 현대사를 써오고 있는 상황에서 오직 중국의 유학계만이 현대신유학(現代新儒學)을 제시하는 데 성공하였다. 이 노선의 현대 유학을 중국인들은 '당대신유가(當代新儒家)' 또는 '현대신유가(現代新儒家)'라 부른다. 현대신유가는 주로 대만과 홍콩에서 활동하던 학자들에 의해 발전했는데, 1990년대부터는 중국 대륙의 학자들도 주체적으로 현대유학적 사유(thinking)를 시도하고 있다. 이들을 '대륙신유가'라 부른다.

이들 현대신유가의 목표는 전통의 유가 철학을 현대의 여건에 맞게 새롭게 재건하는 것이다. 이들에게 새로울 신(新)자가 붙는 것은 이들의 사상이 기존의 유학과는 다르기 때문이다. 하지만 아무리 혁신적인 내용이 포함되더라도, 이들의 사상이 공자·맹자 이래 유지되어 온 유교의 본질을 벗어나지는 않는다. 그래서 '유가(儒家)'라는 단어가 꼭 따라다니는 것이다.

주자는 '새로울 신'자를 "옛것을 바꾸는 것을 말한다[新者, 革其舊之謂也]"고 풀이하였다. 중국 문화에서 새로울 신자의 이러한 의미가 가장 극단적인 형태로 나타난 것이 무력에 의한 정권 교체 혁명이다.

중국인들이 혁명의 아버지라 부르는 손문(孫文, 1866~1925)은 어렸을 때 이미 혁명의 개념을 잉태하였다. 그는 『자전』에서 "을유년(1885)에 중국이 프랑스와의 전쟁에서 패했던 그해에 나는 청조를 타도하고 민국을 창건하고자 결의하였다"고 썼다. 이것은 직업적 혁명가로서의 출발을 의미하는 것으로, 그의 성장 과정에서 혁명이라는 개념은 이미 그보다 앞선 소년 시기에 싹을 틔웠다.

국왕을 중심으로 한 기존의 체제를 전복하고 새로운 체제를 세운다는 발상은 동아시아의 전통 사회에서는 정치 권력 주변의 사람들조차 엄두를 내기 어려운 일이다. 하물며 평범하고 빈한한 농가의 아들이 이러한 생각을 가질 수 있었다는 것은 한편으로는 상상하기도 어려운 일이지만, 다른 한편으로는 그만큼 커다란 변혁의 소용돌이가 진행 중이었음을 의미한다고 말할 수 있다.

가난한 농가에서 태어난 손문은 어려서부터 이미 절대권력을
갖고 있는 황제 체제라도 바뀔 수 있다는 생각을 갖고 있었다. 그가
이런 생각을 갖게 된 사연은 다음과 같다. 조상 대대로 약간의 농지
를 갖고 있던 그의 집안은 갈수록 생활이 어려워져 땅을 조금씩 팔
아 한 해 한 해를 꾸려가고 있었다. 그런데 지금과 같이 매매를 하면
등기를 하는 식이 아니어서 땅을 팔아도 관청에는 원래의 소유자가
납세 의무자로 되어 있었다. 그래서 중산(中山 : 손문의 호) 집안은 해
마다 이미 판 땅의 세금까지 관청에 내야만 했다. 이것이 불합리하
다고 생각한 어린 중산은 마을의 원로를 찾아가 적절한 대책이 있는
지를 물었다. 한숨을 짓는 원로의 입에서 나온 답변은 간단했다. "그
것은 황제가 내린 규정이라 어찌할 방도가 없다!" 실망한 소년 중산
은 속으로 이렇게 말했다. '황제의 규정이라 해서 바뀌지 말라는 법
은 없지 않은가!'

삼민주의의 제창자로 유명한 손문은 일찍부터 혁명을 도모한
인물이고, 일생을 혁명에 투신한 직업적 혁명가다. 하지만 그가 기
존의 문화 전통을 부정하는 입장을 취한 적은 없다. 오히려 그는 중
국의 문화 전통을 제대로 중국답게 되살려 중국을 빛내려는 쪽을 지
향하였다.

20세기에 본격적으로 추진된 중국 혁명은 특히 공산 진영에서
적극적으로 추진하였다. 중국에 공산주의 사상이 뿌리를 내리기 시
작한 것은 1920년 무렵이고, 이후 1949년에 공산당 정권이 중국 대
륙을 장악한 뒤 중화인민공화국을 출범시킨 중국 민족은 그들이 건
설하고자 하는 사회주의 국가를 '신중국(新中國)'이라 불러 왔다.

'신' 중국이라 해서 '구' 중국과 단절된 중국을 말하는 것은 아니었다. 가령 사람만 중국 사람이지, 정신문화와 가치관은 근본적으로 바뀐 그러한 중국을 신중국이라 부르는 것이 아니다.

현재까지의 결과를 놓고 말한다면 신중국이란 중국 문화에서 '새로울 신'자의 문화적 의미가 늘 그러하였듯이, 서구로부터 근대화 물결이 밀려온 시대 여건의 변화를 계기 삼아 단단히 작심하고서 중국의 본래 면목을 되찾아 다시 한 번 정립해 가는 중국의 리모델링에 지나지 않는다.

『대학』 2장 1절은

만일 어느 날 새로워졌거든 날마다 새롭게 하고, 또 날마다 새롭게 하라.

고 말한다. 2장 3절에는

주나라는 비록 오래된 나라이지만 부여받은 하늘의 명령은 새롭다.

는 서술이 있다. 주나라는 본래 상 왕조에 속해 있던 제후국의 하나였다. 50개의 주(state)로 구성되어 있는 미국에 비유해 말하면, 상 왕조는 연방 정부였고 주나라는 하나의 주였는데, 후에 주나라가 쿠데타를 일으켜 상 왕조를 폐하고 새로운 연방 정부로 출범한 것이 주(周) 왕조다. 정치상으로는 아랫사람이 정변을 일으킨 명백한 반란이지만, 윗사람이 제 역할을 다하지 못하여 폭정이 계속되고 무고한 백성들이 고통받는 일이 계속됨으로써 백성들의 민심이 완전히 떠난 상태에서 오히려 백성들이 원하는 쿠데타였기에 그 시대 사람들은 이 반란을 천명(天命)을 새롭게 받은 유신(維新)이라 평가하면서 긍정하였다.

동과 서의 미래는 '서로 따라잡기'

동아시아 문명에서의 새로운 신(新)자가 갖는 문화적 의미를 서구 근대 문명을 떠받드는 핵심 개념의 하나인 진보 개념과 연결하여 조명해 보자.

우리의 상식에 따르면, 진보(progress)는 서구인들의 개념이다. 근대 서구인들의 진보 개념과 진화 개념은 서세동점(西勢東漸)의 과정에서 19세기 동아시아인들에게 커다란 영향을 미친 것이 사실이다. 또한 진보 개념은 사실상 서양과 동양을 가르는 개념의 하나이자, 평가의 척도가 되어 왔다. 서구는 진보적이고 그래서 우월하지만, 동아시아인들은 그렇지 못해서 뒤떨어진 삶을 살아간다는 것이다. 이러한 관념은 동과 서에 각각 일정한 파장을 일으켰다. 서구인들에게는 아랍과 동아시아를 경시하는 행태의 원천이 되었고, 동아시아의 정치 지도자들과 대다수 지식인들에게는 빨리 서구의 근대 문물을 따라가야 한다는 강박감을 심어 주었다. 이로 인해 동아시아 사회에서는 오랫동안 '근대화(현대화) = 서구화'라는 등식이 검토 없이 당연시되어 왔다.

동아시아인들이 현대화를 서구화로 오인한 것은 주체성 결여와 반성력 부족 탓이다. 반면에 서양 사람들이 동양 문명을 얕잡아

본 것은 그들 내부에 원인이 있다. 우리는 이 점에 관해서도 상식을 넓혀야 하겠다.

중국 대륙이 되었든, 대만이 되었든 중국 사회를 처음 여행하는 한국인들은 몇 시간도 안 되어서 부정적인 인상을 갖게 되는 일이 흔하다. '이 나라 사람들은 길 청소도 안 하고 사나?' '버스와 기차는 대중 교통 수단인데, 이 나라 사람들에게는 세차 개념이 없나?' '아파트 벽에 페인트칠 좀 하지'…….

이렇게 형성된 선입견이 바로잡혀 균형 잡힌 판단으로 제자리를 찾아가는 데는 두 가지 과정이 있다. 하나는 그 나라에 오래 산 한국인에게 물어 봐서 선입견을 시정하는 것이고, 다른 하나는 자신이 그 나라에 수삼 년 이상 살면서 그 나라 사람들의 사고방식과 삶의 방식을 터득해 가는 것이다.

여기서 한 가지 우리가 간과하기 쉬운 것은 한국인들이 중국 여행에서 그처럼 거침없이 비판적인 말을 할 수 있게 된 배경에는 1980년대 이후 우리가 경제적으로 좀 살게 되었다는 자신감이 자리 잡고 있다는 사실이다. 그리고 그 자신감의 양파 껍질을 한 꺼풀 벗겨 보면, 과거에 자신이 몹시도 자신 없는 삶을 살았다는 내면 의식이 깔려 있음을 반성할 수 있다.

서구인들이 본래부터 중국, 즉 동아시아를 낮추보았던 것은 아니다. 오히려 그들은 오랜 기간 칭기스칸 콤플렉스를 갖고 살았고, 17세기까지만 해도 유럽인들 사이에서는 중국을 대단히 부유한 나라 내지 사회가 대단히 이상적으로 운용되는 나라로 보는 중국관(中國觀)이 유행하였다. 선교사 프와브르(Poivre, 1719~1786)는 유럽인들에게 이렇게 외쳤다. "중국은 전세계가 지향할 수 있는 매력적인 모델을 제시한다.……북경으로 가라!……그곳은 천국의 모습이 지상에 완벽하게 실현된 곳이다."[9] 유명한 『인구론』의 저자 맬더스(Malthus)는 1798년의 그 저서에서 "중국은 세계에서 가장 부유한 나라다(China is the richest country in the world)"라고 기술하였다.

이런 중국관을 가지고 있던 유럽인들이 세계 여러 곳으로 진출하여 안목이 넓어지고 장사도 할 수 있게 되니까 자신감을 가지면서 중국 등 다른 지역의 문명을 낮추보게 된 것이다. 거기에 반드시 비판 과정을 거쳐 객관성을 유지해야 할 지성인들까지 가세하여 북을 쳐주니까 중국을 "영원한 정지의 상태(a state of 'eternal standstill' : 독일의 사학자 랑케의 표현)"에 있는 나라로 보는 관점이 굳어지게 되었던 것이다.

20세기 후반을 거치면서 서양의 적지 않은 지성인들이 동아시아 문명에 대한 이런 식의 편견에서 스스로 벗어났다. 예를 들면, 1919년에 태어나 평생 송·명·청대의 사상을 연구해 온 드 배리(de Bary)는 1988년의 저술에서 "동아시아와 서구 사이에는 양자가 서로 동등한 입장에서 깊게 연루되지 않는 한 어떤 진정한 대화도 있을 수 없다"(한평수 역, 177쪽)면서 두 문명이 앞으로 서로에 대하여 각자 유지해야 할 바람직한 방향은 '서로 따라잡기(catching up with each other)'임을 말하고 있다. 동아시아의 현대화에 대하여 서구인들은 물론이고 아시아 각국의 사람들조차 일방적으로 "동아시아는 서구를 따라잡아야만 한다"는 견해로 일관하였음을 지적하면서 드 배리는 다음과 같은 반대 방향의 물음들에 대해서도 진지하게 생각해 봤어야 한다고 지적한다.

왜 서구는 동아시아의 유가의 품위 있는 행위에 부합할 수 없었는가?
왜 서구는 세계 도처에 칼자국을 내 타국을 괴롭히기보다, 중국과 일본
및 한국이 하고 있었던 것처럼 그 자신의 집안을 정돈하고 모국에 머무
르는 그런 성숙하고 책임 있는 방식으로 행동하지 않았는가?(한평수
역, 104쪽)

이제 서구인들에게도 동아시아의 전통은 점차 "인류가 공유하
는 유산의 일부"(한평수 역, 197쪽)로 인식되어 가고 있다. 하물며 동
아시아인들이 자신들의 선조가 닦아 놓은 소중한 경험의 유산을
앞으로도 계속 외면한다면, 미래의 동아시아 역사는 어떻게 될 것
인가?

이런 면에서 서구의 선구적 지성들은 지금 중국 대륙을 매우
주의 깊게 지켜보고 있는 것 같다. 죽의 장막은 20세기의 근대화에
서 아시아의 다른 나라에 비해 현저하게 뒤떨어졌다. 일본은 물론이
고 동아시아의 네 마리 용(한국·대만·홍콩·싱가포르)이 경제 성장의
박차를 가하고 있을 때, 문화대혁명(1967~1976)이라는 무모한 일
을 추진하여 민족의 기력을 허비하였던 중국 대륙은 그러나 오히려
그 쓰라린 아픔을 탄탄한 주춧돌로 삼아 뒤늦게 분발함으로써 저력
을 보여 주고 있다.

중국이 주목받는 주요한 이유는 그들의 경제 성장 속도가 빠르
다든지 IMF의 위기에도 흔들림 없이 안정적 성장을 하고 있다는 그

런 데 있는 것이 아니라, 아시아의 다른 선발 국가들과 근본적으로 다른 노선을 걸어가고 있다는 점에 있다.

정치·사회적으로 전체주의 방식인 사회주의 체제를 유지하면서도 경제적으로 자본주의를 수용하고 있고, 더욱 중요한 것은 이러한 사회 운용 체제를 동아시아 전통 사상에 착근시키려 하고 있다는 점이다.

서구인들은 그들의 방식으로 걸어온 현대 문명이 인간의 참다운 삶에 한계를 드러내고 근본적인 문제점들을 안고 있어 이것을 치유하고 보완하는 차원에서 동아시아의 전통을 주시하고 활용하려 하고 있는 반면에, 아시아에서는 유일하게 중국 대륙이 서구 문명의 한계와 병폐를 의식하는 동시에 동아시아 선조들의 경험을 되살려 내는 방향에서 자신들의 독자적인 진로를 개척하고 있는 것이다.

동아시아적 특질을 살린 이런 방향의 현대화를 동아시아의 다른 나라들은 구체적으로 시행해 본 적이 없고, 시행할 생각조차 해 본 일이 거의 없다.

우리는 이 점을 우리의 논의를 위해 다음과 같이 정리하고서 출발하고자 한다. '진보'는 본래 서구 근대 문명을 출발시킨 핵심 개념의 하나다. 그들은 이 진보 관념에 입각하여 동아시아를 진보가 없는 낙후한 사회로 매도하기도 했다. 과연 동아시아인의 삶과 역사에는 진보가 없었는가? 동아시아의 전통 사상에 대한 우리의 공부는 이 점에서부터 다시 조망해 가야 한다.

동양적 진보란

근대 이후 서구인들의 진보가 인간 밖에서 확보된 것이라면, 전통의 동아시아인들에게 있어 진보는 인간의 내면에서 확보된 것이었다.

우리의 선조들은 그저 생기 없이 '주어진 것'·'있는 것'을 지키기만 하는 삶을 살지 않았다. 자연을 잘 관찰해 보면, 자연은 죽은 것이 아니라 제 스스로 끊임없이 생(生)을 영위하고 있음을 알 수 있다. 인류는 이 거대한 자연의 생명 활동에 참여함으로써 '내'가 살아 있고 '우리'가 살아 있다는 인생의 의미를 확인한다는 것이다.

빗물은 시냇물로 흐르다가 증발하여 구름을 이루고, 구름은 다시 비로 내려 시냇물로 흐른다. 이렇게 보면 자연은 순환하는 것으로 보인다. 동아시아 전통의 자연관을 잘못 이해하면 이처럼 자연이 순환을 반복하는 것으로 받아들일 수 있다. 이것은 바른 이해가 아니다. 근대 이전의 동아시아인들이 본 자연에서는 한번 내린 빗물이 다시 빗물로 내리는 일은 발생하지 않는다. 거미가 한번 자아낸 실을 다시 거두어 또 자아내는 것이 아니라 언제나 새 실을 자아내듯이, 자연의 모든 운행은 언제나 새롭게 탄생하는 데서 출발한다. 이것이 동아시아인들의 자연관이었다. 그들에 따르면, 자연은 끊임없이 낳고 또 낳는 생생지덕(生生之德)을 갖고 있다.

유가 철학이 갖는 독특한 점의 하나는 생생지덕을 특히 인간의 내면에서 확보한 것이다. 낳고 또 낳는 창조의 덕은 자연만의 덕이 아니라, 인간과 자연을 포함한 우주 전체의 덕이다. 유교에 따르면, 우주의 덕, 우주의 마음은 만물 중 가장 영험한 존재인 인간의 내면에서 가장 적나라하게 확인된다. 나뭇가지 하나 꺾인 것을 보고 아파하고 짓밟힌 풀 한 포기를 보고 안쓰러워하는 이 마음을 유학자들은 인(仁)이라 부르면서 인간의 삶이 반드시 의지해야만 하는 도덕심이자 양심이라 말해 왔다. 인(仁)의 마음은 가만히 고정되어 있는 것이 아니라, 항상 생성을 거듭하는 창조의 모체다.

오늘날 우리의 관점에서 보면 인간 밖의 저 산과 강은 어제나 오늘이나 그대로 있는 것 같은데, 근대 이전의 동아시아인들이 이해한 자연의 운용과 인간 내면의 의식의 흐름은 언제나 새로움에서 시작되는 것이었다. 그 새로움은 개인적 깨달음의 고양과 개인적·사회적 실천 과정에서 진보를 가능케 하는 원천이었다. 이것을 '동양적 진보'라 말할 수 있다.

서양적 진보가 대자연에 대해서는 자연을 최대한 통제하고 지구 밖에 활동 공간을 개척하며 인간 세계에 대해서는 무역의 양을 늘리고 교역 지역을 확장하고 식민지를 더 많이 차지하려는 방향이라면, 동양적 진보는 대자연에 대해서는 자연 만물과 더불어 우주의 끊임없는 생생의 과정에 동참하고 인간에 대해서는 우리의 동물적 의식 상태로부터 점차 깨달음(공부 수양)을 통해 우주 본연의 마음으로 회복해 가고 이 우주의 마음을 실천하는 과정에서 인간 사회의 운용이 정상 궤도에 가까워지도록 하는 방향이었다.

근대 이래 서구인들이 더 많이 차지하고 더 잘 통제하는 과정에서 '나'와 '우리'의 존재 의미를 찾았다면, 동아시아의 전근대인들은 마음의 흐름으로부터 우주 본연의 본성을 회복하여 도덕과 문화를 실현하는 과정에서 '나'와 '우리'의 존재 의미를 찾았다. 그래서 유·불·도가 모두 마음 공부를 필수 요건으로 하였다.

비록 진보의 내용이 다르기는 하지만, 동아시아인 역시 진보의 과정과 성취에서 '나'와 '우리'라는 자아의 존재 의미를 찾았던 것이다. 자연이든 인간 사회든 가만히 있다는 것은 죽음을 의미할 따름이다. 동아시아를 발전 없이 계속 정지해 있는 왕국이라 말하는 것은 무지의 소산일 뿐이다.

일일신 우일신

『대학』의 유명한 다음 구절은 동양적 진보의 일면을 말해 주고 있다.

만약 어느 날 새로워졌거든 날마다 새롭게 하고, 또 날마다 새롭게 하라.
苟日新, 日日新, 又日新(2-1).

이 문장은 탕 임금이 자신의 마음을 다잡기 위해 욕조에 새겨 넣었던 경구(警句)로, 여기의 "일일신 우일신(日日新, 又日新)"은 오늘날에도 식자층에서 널리 인용되는 구절이다. 탕 임금은 하 왕조의 마지막 왕이자 폭군인 걸왕을 정벌하고 상 왕조를 연 임금이다. 만약 이 문장을 서구식 진보 관념을 적용하여 읽는다면, '국가를 위하여, 민족을 위하여 식민지를 더 개척하라', 또는 '역사를 새로운 단계로 자꾸 발전시켜라'는 의미가 될지 모르겠다.

그러나 이 문장에는 동양적 진보 관념이 배경으로 깔려 있다. 마음 바깥에서의 정복과 확장을 목표로 하는 것이 아니라, 내면에서의 새로움과 진보를 추구하는 것이 위 문장의 맥락이다. "일일신"에서 '신(新)'의 목적어는 자신의 마음이고, '신' 공부를 하는 목적은 백성들을 내 가족처럼 대하는 인(仁)의 정치를 하기 위해서이다. 따라서 위 문장은 다음과 같은 의미를 담고 있다.

> 만약 어느 날 내 마음이 깨끗하게 새로워졌거든 날마다 새롭게 하고, 또 날마다 새롭게 하라.

날마다 관료들과 회의를 하고 이런 일 저런 일에 신경 쓰다 보면 귀찮아지고 짜증이 나기 쉽다. 이럴 때 마음의 더럽혀진 때를 씻어 내고자 날마다 본심을 회복하는 수양 공부를 게을리하지 않겠다는 의지가 이 경구에는 담겨 있다. 요컨대, 탕 임금이 모든 인간에게 천명(天命)으로 부여되는 착한 마음(본심)을 굳건히 지키면서 정치를 하고자 목욕하는 욕조(또는 대야)에 위의 경구를 새겨 넣고 매일 반성했다는 내용이다.

더 나아가 말한다면 『대학』의 저자가 이 문장을 편집해 넣을 때, 또 수많은 지식인들이 『대학』의 이 문장을 읽을 때는 이 문장이 군주를 비롯하여 사회 운용을 책임 맡은 사람들에게 '내면에서의 깨달음과 그 실천에서 끊임없이 진보해야 함'을 촉구하고 있다는 것이 공감대로 형성되어 있었음을 알 수 있다.

유가 철학을 단순히 보수주의적 사상으로만 간주하는 사람들이 있다. 이들은 한쪽만 보고 다른 한쪽은 놓치는 사람들이다. 유학은 수구와 개혁과 혁명 모두에 대해서 열려 있다. 현실에서 어느 노선이 더 적절하느냐는 그 노선의 근거와 시대적 상황 등에 따라 평가되는 용(用)의 측면이다. 용도 대단히 중요하지만, 결코 경시할 수 없는 것은 체(體)다.

『대학』2장 3절에는 『시경』의 다음 시가 인용되어 있다.

주나라는 비록 오래된 나라이나 부여받은 하늘의 명령은 새롭다(2-3).

국가의 통치권은 하늘로부터 명령[天命]을 받아 성립하는 것이라고 19세기까지의 동아시아인들은 믿었다. 주 왕조의 앞 왕조는 상이다. 주 왕조는 그 주체 세력이 상 왕조를 무력으로 전복함으로써 출발하였다. 주나라는 새로 일어난 나라가 아니라, 상 왕조 하에서 한 지역을 맡아 통치하던 나라였다. 말하자면 각 지역을 분할받아 통치하던 지방 정부의 하나가 쿠데타를 일으켜 중앙 정부를 차지한 것이다.

역사에서 덕치(德治)의 대명사로 평가되는 문왕은 상 왕조 말엽에 조그만 제후국인 주나라의 왕이었다. 그가 제후국의 왕으로 있는 동안 상 왕조의 폭군에 의한 폭정이 계속되자 문왕은 쿠데타의 기반을 닦았고, 후에 그의 아들 무왕이 마침내 상 왕조를 무너뜨리고 주 왕조를 세웠다. 그래서 형식상으로는 무왕이 주 왕조의 개조이나, 실질상의 개조는 문왕인 것으로 평가되어 왔다. 문왕과 무왕이 제후의 신분임에도 상급자인 상 왕조의 천자(天子)를 무력으로 물리친 것은 『대학』의 "지어지선(止於至善)"에 어긋나는 것이 아닐까?

역대의 유학자들은 이 쿠데타를 민심과 천명에 근거를 두고서 정당화해 왔다. 그동안 폭정으로 백성들을 도탄에 빠뜨린 상 왕조의 잘못에 하늘이 천명을 거두고 새로이 주나라의 집권 세력에게 천명을 내렸다는 평가다.

단순하게 말하자면 당시 상 왕조의 최고 권력자는 지어지선에서 너무 멀리 떨어져 있어 민심이 완전히 돌아섰으며, 이 불행한 상황을 제후의 한 사람인 문왕이 자신의 덕행으로 백성들의 지지를 받으면서 국가 및 세계 운용의 지극한 표준[其極]에 근거를 두고서 쿠데타를 추진하였다는 정당화가 이루어졌다.

수구냐, 개혁이냐, 혁명이냐는 용(用)이다. 이 가운데 어느 노선이 타당한가는 그 사회 구성원들이 사람답게 살아가는 데 어느 쪽이 더 적절하였느냐에 따라 결정된다고 보면 된다.

동아시아인들이 '사람다운 삶'으로 여기는 가치관의 본원은 자·효·우·제의 보편심이다. 이 착한 마음이 동아시아적 진보의 체(體)이고 정신문화의 기저층이다. 상 왕조 말기의 국정은 이 체에서 멀어져 가고 있었다. 요컨대 사회 구성원들이 사람다운 삶을 영위하는 사회가 되려면 정신문화의 체를 보전하여야 한다는 것과, 혹 방심하여 체에서 멀어지면 멀어질수록 개혁이나 혁명이 정당화된다는 명제가 세워진다.

정신문화의 체는 그 사회의 평범한 구성원들의 마음, 즉 민심에서 가장 쉽게 그리고 원형 그대로가 확인된다. 동아시아의 전통 사회에서 모든 사회적 권력의 원천은 천명이다. 그 천명은 알고 보면 정말 하늘에서 어느 날 계시가 내린 것이 아니라, 발언권 없는 뭇 백성들의 마음에 근거를 두고 있다.

천명에서 갈수록 멀어지고 있는 정권이 망하면 백성들은 당연한 일이 진행되고 있는 것으로 간주한다. 반면에 만일 어느 정권이 천명을 잘 보전하고 있는데도 힘이 약하거나 무력을 앞세우는 어느 외세에 밀린다면, 백성들은 너도나도 사회적 정의감을 발휘하여 목숨 걸고 그 정권을 지키려 한다. 흔히 민심이라고 말하는 백성들의 이 '마음'에 뿌리를 두는 철학이 동아시아의 유가 철학이다.

『대학』 10장 5절은 이 점을 다음과 같이 서술하고 있다.

『시경』의 「문왕」 시는 이렇게 읊고 있다.

"은나라가 백성들의 마음을 잃지 않았을 땐,
천명에 잘 맞았었느니!
은나라의 흥망을 거울 삼으라,
하늘의 큰 명은 보존하기가 쉽지 않도다!"

이것은 민심을 얻으면 나라를 얻고, 민심을 잃으면 나라를 잃게 됨을 읊은 것이다(10-5).

상(은) 왕조도 한때는 정치를 잘하여 민심의 지지를 받았다. 하지만 세월이 흐르면서 권력의 속성에 이끌리다 보니 점차 백성들이 무엇을 생각하고 있고, 백성들이 무엇을 바라는지 무관심해져 갔다. 급기야 쿠데타가 일어나 망했지만, 이것을 섭섭하게 여긴 백성은 없었다는 이야기다.

지속과 진보의 조화

동아시아적 진보는 사회 구성원들의 삶이 얼마나 지극한 선〔至善〕에 가까이 가 있느냐를 기준으로 삼았다. 근대 이래 서구인들의 진보관이 비록 더 많은 땅을 차지하고 더 많은 재화를 소유하는 물질적 가치의 증대에 일정한 비중을 두고 있는 것은 사실이지만, 그들의 진보관이 이 물질적 가치의 확장에만 초점을 두고 있는 것은 아니다. 근대 이래 서구인들도 동아시아 못지않게 인간의 정신적 삶에서의 진보, 즉 인간다운 삶을 추구해 왔다. 대표적으로 민주주의 이념과 공산주의 이념은 인간적 삶의 진보에 관하여 각각 나름의 관점을 다듬어 왔다.

동아시아적 진보관을 서구의 그것과 비교한다면, 이쪽에서는 우주 정거장의 개발이나 자연 개조를 통한 생활의 편의 등에는 관심이 없을뿐더러 사실상 거의 반대하는 입장이라는 점이 크게 다르다. 반면에 사회 구성원들이 각자의 역할에 최선을 다하여 지극한 선이 실현되는 것을 최후 목표로 하였다는 점이 두드러지게 다른 점이다. 새들이 제 머물 곳을 잘 알고 그곳에 머물듯이, 인간 사회의 각 구성원들은 각자의 위치에서 최선을 다하는 삶을 살기 위해 내면의 수신(修身)을 통한 일일신 우일신(日日新 又日新)의 진보를 추구하는 것이 동아시아적 진보관의 핵심이다.

『대학』은 동아시아적 진보관을 여실히 드러내 주는 경전이다. 서구적 진보관에 따르면, 진보의 대열에서 뒤떨어지는 것은 곧 경쟁에서의 패배나 도태로 이어진다. 수신에 관건을 두는 동아시아적 진보관에서는 진보에 게으르면 교체 또는 개혁에 명분을 주게 된다.

『대학』은 주로 이 원리를 정치에 적용하여 말한다. 10장 11절은 이러한 원리를 직설적으로 말하고 있다.

『서경』「강고」에 말하기를 "천명(天命)이 언제나 우리에게 있는 것은 아니다" 하였으니, 이것은 선(善)의 정치를 하면 천명을 얻을 수 있고 불선(不善)의 정치를 하면 천명을 잃게 됨을 말한 것이다(10-11).

고대 중국에서는 제후국이 쿠데타를 일으켜 성공하면, 이전 중심국(연방국)의 옛 땅에 대해서는 그 중심국 혈통의 사람을 왕으로 세워 통치하게 하는 것이 관례였다. 하지만 이렇게 세운 그 지역 통치자가 문제를 일으키면, 나중에는 할 수 없이 새 왕조측의 사람이 파견되어 통치를 하게 된다. 널리 인용되고 있는 여기 『서경』의 「강고」편은 이런 배경에서 나온 임금의 발언이다.

주 왕조의 기틀을 닦은 문왕에 이어 그의 아들 무왕이 상 왕조를 무력으로 전복하고 주 왕조를 세운 뒤, 옛 상 왕조의 본토에 대해서는 상 왕조의 후예에게 통치를 맡겼으나 무왕의 아들인 성왕(成王) 때 그곳에서 반란이 일어났다. 이 반란을 평정한 후, 성왕이 자신의 동생을 그곳의 제후로 봉하면서 훈시한 것이 바로 「강고」편이다.

마치 작전 병력을 투입할 때 사령관이 연병장에 군사들을 모아 놓고 '가서 이렇게 이렇게 싸우라'고 훈시하듯이, 임금이 자기와 혈통이 같은 사람을 옛 상 왕조 본토에 임명하면서 공개적으로 훈시한 내용인 것이다.

"천명이 언제나 우리에게 있는 것은 아니다"는 왕의 발언은 "한 번 왕은 영원한 왕이다"를 부정하는 의미를 담고 있다. 현직 왕이 공개적으로 이 말을 하였다는 점이 의미 깊다. 이것은 민심을 저버리거나 백성을 위한 정치를 하지 않으면, 하늘은 언제라도 우리에게 등을 돌릴 수 있다는 의미를 담고 있다. 『대학』의 저자는 이것을 더욱 구체화해 "선(善)의 정치를 하면 천명을 얻을 수 있고, 불선(不善)의 정치를 하면 천명을 잃게 됨을 말한 것이다"고 쓰고 있다.

사회 운용 및 각 개인의 삶을 놓고 볼 때 천명은 변하지 않고 지속되는 것이고, 이 지속되는 천명의 보편심에 최대한 다가가는 수양의 노력이 동아시아 문명에서의 진보의 과정이다. 20세기 중국 혁명의 역사는 세상이 아무리 변해도 이 지속의 체(體)는 변하지 않는다는 것을 보여 주었다. 그리고 지금 외적·물질적 성장에 박차를 가하고 있는 중국 대륙은 이미 인간 내면에서 동아시아적 진보의 단서를 찾아 나서는 길에 들어선 것으로 보인다.

결론을 내린다면, 송·명의 새로운 사회 질서 수립이나 현대 중국식 사회주의를 건설하는 신중국이나 모두 지속과 진보의 조화를 통한 사회 운용을 시도하고 있는 것이다.

우리가 말하는 '동양적 진보'는 19세기까지 중국인과 한국인과 일본인이 쌓아 온 경험과 지혜의 산물이다. 서구인들이 서구 문명의 한계와 문제점을 자각하여 동아시아 전통으로부터 보완점을 찾아 보완하려는 마당에, 정작 동아시아인들은 서구를 모방한 현대화 과정에서 노정된 '도덕적 타락(moral degeneration)'과 인간의 순수함에서 멀어지는 '정신의 오염(spiritual contamination)' 등의 문제에 또다시 서구식 해결을 기다린다면, 안타까운 광경이 아닐 수 없다.

중국 대륙과 한국·일본·대만을 놓고 말할 때, 우리가 말하는 동양적 진보를 비롯한 전통 유학의 현대적 활용면에서 한국과 일본은 속수무책이라 말해도 될 정도다. 이에 비해 대만은 어느 정도 성과가 있다고 할 수 있고, 중국 대륙은 가장 늦게 출발했음에도 현재 가장 선도적 지위를 차지하고 있고 앞으로도 위력적일 수밖에 없을 것으로 전망된다.

경험과 지혜의 산물로서의 동양적 진보에는 체(體)와 용(用)이 있다. 체는 변하지 않는다. 근래에 유행하고 있는 이른바 '아시아적 가치(Asian Values)'라는 것도 다름 아닌 동아시아 정신문화의 체를 가리킨다고 보면 된다. 시대가 바뀌고 환경이 급변해도 체는 지속된다. 이 점에서 말하면, 19세기의 서양인들이 중국을 진보가 없는 사회로 본 것이 전적으로 틀린 것만은 아니다. 그러나 그 '지속'의 체(體)는 부단한 생생지덕의 창조를 용(用)으로 한다. 문자가 변하지 않고 풍속과 제도가 부족장 시대의 것 그대로인 '불변'과 '지속'이 머금고 있는 역동성과 진보성에 서양인들이 너무 무지했던 것이다.

근대 이전의 중국인들은 정치와 교육에서 경전을 매우 중요시했다. 경전은 수많은 세대가 오랜 기간에 걸쳐 얻은 경험과 지혜의 축적물이기 때문이다. 중국식 사회주의를 지향하는 중국 대륙이 새삼스럽게 고전 교육을 장려하고 어린이들에게 경전 암송을 권장하는 배경에는 중국의 현대화에 동양적 진보를 활용하겠다는 의지가 자리잡고 있다고 보아도 좋을 것이다.

이제부터는 중국의 송대 이래 정립된 동아시아 문명의 새로운 대학관이 우리나라에서는 어떻게 전개되어 어떠한 영향을 미치고, 어떠한 성과를 거두었는지를 살펴보기로 하자.

8

『대학』과 조선의 싱크탱크

8. 『대학』과 조선의 싱크탱크

사회학자 막스 베버(Max Weber, 1864~1920)는 1917년의 저술에서 "한국의 사회 질서는 중국 사회 질서의 퇴색된 복사품이었다"고 썼다. 서구인들 중에 한국 문화를 아는 사람의 수가 극히 제한적이기는 했지만, 한국 문화를 이와 같이 중국 문화의 복사판으로 간주하는 시각은 한국을 아는 서구인들 사이에서는 하나의 상식이 되어 온 것이 사실이다. 베버는 사회학자로서 자신이 설정한 논제의 논의 과정에서 한국 전통 사회의 지배 구조와 종교 발전에 관한 이런 시각을 서술한 것이기 때문에 위의 말만을 단장취의하여 그의 무지함을 나무랄 수만은 없는 일이다. 오늘의 한국인들이 주목해야 할 점은 한국 지식인층에도 이런 시각이 뿌리 깊게 남아 있다는 사실이다. 오히려 막스 베버는 한국 문화를 기본적으로 위와 같이 보면서도 세부적으로는 한국의 지배 체제가 서구와도 다르고, 중국과도 다른 형태로 전개되었다는 시각을 갖고 있었다고 한다.[10]

서양 학자들은 집요하고도 지속적으로 연구를 진행하기 때문에 그만큼 연구의 발전 및 심도를 기대할 수 있다. 한국학 전공자는 아니지만, 평생 동아시아 전통의 유교 사상을 연구해 온 미국의 원로 석학 드 배리는 1988년의 저서에서 이렇게 말한다. "한국이 마땅히 받아야 할 주목을 받기만 한다면, 한국은 신유교의 역사와 동아시아 문명에서 가장 중요한 구성 분자로 인식될 것이다"(한평수 역, 94쪽).

중국·일본·한국을 주요 국가로 하는 동아시아 문명의 역사에서 한국 문화가 갖는 위상에 관하여 오늘날의 한국인들은 깊이 이해해야 한다. 불과 100여 년 전까지만 해도 한국의 식자층은 한국 문화의 독자성과 성취에 자긍심을 갖고 살았건만, 일제 시대를 거친 이후로 문화적 자긍심은 온데간데없어졌다. 1980년대 이후로 많이 달라졌다고는 하나, 아직도 한국의 정신문화에 대한 몰이해는 여전하다. 한국의 문화 전통이 갖는 독자성과 그 의의를 외국 학자들의 연구 성과에 힘입어 깨달아 간다는 것은 몹시 애석한 일이 아닐 수 없다.

동아시아의 여러 나라가 한자를 공용하기 시작한 것은 대체로 한대(漢代) 이후부터이다. 한자를 같이 쓰면서부터 중국이 점차 동아시아 문명을 선도하고 주변국들이 추종하는 일종의 진원지 역할을 했으나, 그렇다고 주변국들이 중국 문화를 추종하기만 했던 것은 아니다. 특히 우리나라의 경우는 기본적으로 문화의 독자성이 유지되었다. 동아시아 문명이 이학(주자학과 양명학)적 세계관과 가치관을 추구하던 중국의 송·원·명·청 시대와 우리나라 조선 시대에도 조선의 학술과 문화는 그 독자성과 주체성을 유지해 왔다.

조선 사회의 선비들이 주자를 존숭한 것은 한 사람의 자연인으

로서의 주자를 숭배한 것이 아니라, 주자가 정립한 사상이 지존(至
尊)의 가치를 갖는다고 믿었기 때문이다. 이것은 오늘날의 한국인이
서양 옷을 즐겨 입는 원리와 같다. 서양인들의 복식인 양복과 양장
을 오늘의 한국인들이 즐겨 입는 이유는 서양인을 숭배하기 때문이
아니라, 지금 시대의 생활에서는 서양 옷이 편리하다거나 적절하기
때문이다.

　　조선의 지식인 사회가 낳은 가치 있는 문화 전통의 하나는 선
비 문화다. 선비로 불리는 한국의 지식인상이 고려 때까지는 없다가
조선에 와서 갑자기 생겨난 것은 아니다. 선비형 지식인이 언제부터
생겨났는지를 입증하기는 매우 어려우나, 조선의 유교 문화를 거치
면서 선비상이 확고해지고 또 많은 선비들이 출현하여 선비 문화의
전통이 형성되었다는 사실에 대해서는 이견이 없다.

　　『대학』은 조선조 역사에서 선비 문화의 전통이 확고히 세워지
는 데 기여한 고전이다. 유교의 여러 경전 중 『대학』은 지식인층의
큰 학문, 즉 소학에 대비되는 큰 학문의 이념과 강령을 명문화하고
있고, 조선의 지식인 문화가 낳은 선비 정신이란 『대학』이 추구하는
대학인의 정신 외의 다른 것이 아니기 때문이다.

　　물론 조선의 선비 문화 형성에 『대학』 한 권만이 영향을 미쳤
다고는 말할 수 없다. 다만 조선 사회 선비들의 핵심 경전이 사서였
고, 사서를 중심으로 한 신유학 체계가 『대학』을 골격으로 했다는
점에서 조선 사회 선비 문화에 『대학』이 커다란 영향을 미쳤다고 말
할 수 있다.

선비들의 재물 기피 성향

세계 각국의 현대 정부에서 부정부패의 원인은 거의가 금전 때문이다. 더러 남녀 문제도 있지만, 대부분의 경우 비리의 근원은 재물이다. 예나 지금이나 공직과 재물은 상극 관계에 있는가 보다. 정확하게 말하면, 재물이라기보다 '재물 욕심'이라고 해야 할 것이다. 공직자라고 해서 저축하지 말라는 법이 없고 정당하게 소유하는 재물조차 포기하라는 법은 없다. 문제는 '욕심'에 있다. 공직에 있으면서 재물을 더 많이 갖고자 하는 쪽에 마음(욕심)을 두게 될 때, 불행한 결과가 초래된다는 것을 동아시아의 유교인들은 특별히 경계하였다.

『대학』 종반부에는 덕과 재물의 관계에 관한 언급이 많다. 예를 들어 10장 20절은 이렇게 말한다.

> 인한 통치자[仁者]는 재물을 흩어서 자신의 인격을 일으키고, 인하지 못한 통치자[不仁者]는 자신의 인격을 해쳐서 재물을 일으킨다(10-20).

"재물을 흩어서 자신의 인격을 일으킨다[以財發身]"는 말은 예컨대 돈으로 유권자를 매수하거나 공짜로 재물을 나누어 주는 것 등을 말하는 것이 아니다. 이 말은 공직자가 재임 중에 재물을 백성들에게 고루 많이 돌아가게 하여 그의 인격과 공무 수행이 신뢰를 받는다는 것을 뜻한다. 사람 욕심은 누구나 같은 법인데, 높은 직위에 오른 사람일수록 둘러보면 재물을 챙길 수 있는 기회가 많아진다고 한다. 우리나라의 어느 전직 집권자는 스스로 말하기를 "대통령이 돈을 밝히면 돈에 깔려 죽을 수 있다"고 했다고 한다. 재물을 밝히지 않아도 창고에 가득 쌓이는데, 만일 욕심까지 부린다면 주체를 못해 자신의 건강에 해로울 수 있다는 의미로 한 말인 것 같다.

공직자의 성패는 수신을 통해 재물 욕심을 절제하느냐, 아니면 보편적 자아의 목소리를 저버리고 기회 닿는 대로 재물을 챙기느냐에 달려 있다. "재물을 흩어서 자신의 인격을 일으킨다"는 말은 통치자가 재물을 최대한 백성들에게 고루 많이 돌아가게 정치를 하면, 자연히 백성들은 그의 인격을 존경하게 된다는 뜻이다.

조선 시대의 한계희(韓繼禧)는 정승의 아들이라는 든든한 배경뿐만 아니라, 당시 정계의 권력자인 한명회의 재종형이라는 남부러울 것 없는 집안 배경을 갖고 있었다. 그럼에도 그는 국가에서 나오는 봉록을 꼭 친척 중의 부모 없는 사람이나 홀어미가 된 이들에게 나누어 주고 자신은 근근히 살았다. 그 빈한한 삶의 정도가 집안 사람들을 민망하게 할 정도여서 급기야 종중에서 나서 흥인문(興仁門 : 동대문) 밖 고암(鼓岩) 밑의 논 열 섬지기를 그에게 주었다. 종중에서 집단적으로 그가 사양을 못하게끔 계획적으로 밀어붙인 탓에 하는 수 없이 고암 밑의 전답을 얻게 되었으나, 한계희는 그 논의 소출을 집 담 안에 일절 들이지 않고 고암 둘레의 어려운 집과 가장이 병든 집 등에 골고루 나누어 주었다.

이것이 그의 유업으로 그 가문에 전승되면서 고암 밑에 사는 수백 농가들은 그 덕분에 윤택하게 살게 되었다. 이 유업을 기리는 뜻에서 고암의 이름을 편안할 안(安)자로 바꾸어 오늘날 서울 동대문 밖의 안암(安岩)이 되었다고 한다(이규태, 248~250쪽).

조선 사회에는 한계희와 유사하게 청빈한 삶을 산 선비들이 수없이 많다. 이런 까닭에 조선조 선비들에게는 재물을 기피하는 성향이 있었다고 말하기도 한다.

그러나 필자가 보기에는 재물을 기피했다기보다는 덕을 닦아 백성들을 편안하게 해주는 것을 행복으로 알고 백성들과 함께 웃고 함께 우는 것을 낙(樂 : 즐거움)으로 여겼다고 보는 것이 더 적절할 듯하다.

그들의 청빈한 생활도 일부러 가난하게 살았다고 보기보다는 재물에 대한 욕심을 버리고 밝은 덕의 계발과 사회적 책임에 충실하게 살려다 보니 빈한한 생활을 했다고 보는 것이 더 적절할 것이다. 『대학』의 이념에 충실한 삶을 살았던 것이다.

재물은 사람의 덕을 망칠 수 있다는 원리에서 공직과 재물의 상관 관계를 크게 경계하는 의식은 조선 사회에서 비단 사대부 계층만이 아니라 서민 계층 이하의 사람들에게도 형성되어 있었다. 한 예를 들면, 조선 중기의 최술이라는 하위직 공무원과 그의 어머니 이야기가 있다.

최술은 고위 직책을 두루 지낸 김좌명 집에서 심부름을 하는 사람이었는데, 김좌명이 호조판서로 있을 때 최술의 충직함을 인정하여 서리(書吏)로 임명하고 요긴한 직책을 맡겼다. 그런데 과부로 미천한 일을 하며 사는 최술의 어머니가 찾아와 김 판서에게 "술이는 그런 직책을 감당하기 어려우니 다른 직책을 맡겨 주십시오"라고 말하는 것이었다. 이상하게 여긴 판서가 그 연유를 물으니 최술의 어머니 답변은 이런 것이었다. "제가 혼자 된 후로 보리밥으로도 끼니 잇기가 어려울 정도로 힘들게 살면서도 술이만 믿으며 살아왔습니다. 이제 대감께서 술이를 잘 보아주셔서 급료를 받게 되어 저희 모자가 밥을 먹고 살게 되었습니다. 술이 처가에서도 술이가 대감 문하에서 일한다는 것을 믿고서 사위로 삼았습니다. 그런데 제가 들으니, 술이가 제 처가에 기거하는 동안 냉이국에 밥을 먹고는 맛이 없어서 못 먹겠다고 말하더라는 이야기가 들렸습니다. 불과 며칠 만에 사람 마음이 이렇게 달라지니, 만일 술이가 재물을 관리하는 자리에 오래 있게 되면 그 마음 달라짐이 날로 달로 더해져서 필경에는 죄를 범하고 말 것입니다. 저는 하나밖에 없는 제 아들이 형벌 받는 것을 차마 볼 수 없습니다. 대감께서 만약 술이를 버리지 않으신다면, 굶어죽지 않을 자리로만 옮겨 주시면 고맙겠습니다."

올바른 도리로 아들을 인도하려는 노모의 자애심에 크게 감명받은 김 판서는 최술의 어머니가 원하는 대로 재물을 좌우하지 않는 청직으로 최술의 자리를 옮겨 주고 그 어머니의 현명함과 유덕함을 높이 평가하여 오래도록 칭송하였다.

재물이 사람의 밝은 덕을 오염시킬 수 있다는 판단은 대학 공부를 하는 지식인층에서만이 아니라 서민층에도 스며들어 있었음이 확인된다고 하겠다.

공직자의 최우선 요건은 도덕성

퇴계와의 사단칠정 논변으로 유명한 고봉 기대승(高峯 奇大升, 1527~1572)은 선조와의 문답에서 이런 말을 하였다.

국가는 이(利)를 이로운 것으로 여기지 않고 의(義)를 이로운 것으로 여겨야 합니다. 이(利)라는 것은 의(義)의 조화이니, 내가 편안하면서 동시에 다른 사람들도 역시 편안한 것입니다. 애써 이(利)를 구하지 않아도 저절로 이롭지 않음이 없게 되는 것이 이른바 의로써 이로운 것을 삼는다고 하는 것입니다(『논사록』上).

"국가는 이익(利)을 이로운 것으로 여기지 않고 의리(義理)를 이로운 것으로 여긴다"는 문장은 『대학』맨 끝에 두 번 인용되어 있다.

맹헌자가 이렇게 말했다. "말을 기르고 수레를 탈 수 있는 지위에 있는 사람(士가 등용되어 大夫가 된 사람)은 닭이나 돼지에 관심을 갖지 않으며, 상·제례(喪祭禮) 때 얼음을 쓸 수 있는 지위에 있는 사람(경·대부 이상)의 집에서는 소나 양을 기르지 않는다. 국토의 일부를 맡아 통치하는 영주의 집안(百乘之家)에서는 백성들을 착취하는 신하를 기르지 않는다. 백성들을 착취하는 신하를 둘 바엔 차라리 도둑질하는 신하를 두는 것이 낫다." 이것을 일러 '국가는 이(利)를 이로운 것으로 여기지 않고 의(義)를 이로운 것으로 여긴다'고 말한다(10-22).

맹헌자(孟獻子)는 노(魯)나라의 대부(大夫)였던 사람으로 예(禮)에 의거하여 훌륭하게 공직을 수행한 사람으로 알려져 있다. 그가 중요한 인물이라기보다는 그의 이 말이 『대학』의 저자에게 인상적이었기 때문에 여기에 인용된 것으로 보면 될 것이다. 그의 말 중에 "말을 기르고 수레를 탈 수 있는 지위에 있는 사람"이란 당시의 사회 계층상 서민의 바로 윗계급에 속한 사람들을 가리킨다. 대체로 사(士)의 지위에 있던 사람이 관직을 맡아 대부(大夫)가 된 사람을 말한다.

여기서 말하는 수레는 굳이 오늘날로 말하자면 공직에 있는 사람한테 관청에서 내주는 관용차를 가리키는 것으로 이해하면 될 것이다. 닭을 기르고 돼지를 길러 좀더 많은 이윤을 내고 좀더 많은 재물을 갖고 싶어하는 것은 서민으로서는 자연스럽고 당연한 일이며, 그들의 생계와 직결되는 일이다. 하지만 공직을 맡은 사람이나 그 집안 사람들이 이런 이익 관계에 여전히 간여하게 되면, 자연히 권력과 연결되어 물의를 빚게 마련이다. 그래서 예나 지금이나 공직자들에게는 직급에 따라, 법률에 의해 또는 관례적으로 허용되는 것과 허용되지 않는 것들이 있다. 여기서도 그것을 말하고 있다. "상·제례 때 얼음을 쓸 수 있는 집안"이란 대부 이상의 직위를 가리키고, "병거(兵車:전투용 수레) 100대를 낼 수 있는 집안〔百乘之家〕"이란 국토 일부를 맡아 통치하는 영주 계급을 가리킨다.

위 인용문에 이어 『대학』 맨 끝 단락은 다음과 같이 맺는다.

한 국가나 한 집안을 대표하는 사람이 재정의 수입과 지출에 공력을 쏟는다면, 이것은 반드시 이익만을 아는 소인을 등용한 데서 비롯된다. 저들 소인을 등용하여 국가나 집안의 운용을 맡기면 천재(天災)와 인재(人災)가 함께 닥칠 것이니, 그때 가서는 비록 뛰어난 능력을 가진 사람이라 할지라도 어찌할 수 없게 된다. 이것을 일러 '국가는 이익을 이로운 것으로 여기지 않고 의리를 이로운 것으로 여긴다'고 말한다(10-23).

예나 지금이나 재물(돈)은 누구나 좋아한다. 그런데 공직에 있는 사람이 재물에 관심을 기울이다 보면, 최종적으로 재앙이 뒤따라 망하게 되고 만다는 것이다. 조선 사회 선비들이 명분을 놓고 때로는 수년간 또는 그 이상의 세월을 소모하며 끝까지 따졌던 것은 지도층은 현실상의 공리(功利 : 유용성)보다 도덕성에 치중해야 나라의 기강이 흔들리지 않는다는 신념에서 비롯된 것이다.

조선 후기의 대유(大儒) 다산 정약용은 국가 사회의 안녕과 세계의 질서 유지에 관건이 되는 실질적 요건을 도덕성을 갖춘 인재(즉, 현인)의 등용과 필요한 만큼의 재물 확보, 이렇게 두 가지로 말한다.

천하를 다스린다는 것은 인재의 등용[用人]과 재물의 관리[理財], 이 두 가지를 벗어나지 않는다. 현인을 천거하면 모든 관리가 직분을 다하여 조정이 안정되고, 재물이 풍요로우면 만인이 삶을 즐기게 되어 백성들이 안정된다.

사회 전체의 이상적인 운용을 위한 필요 조건을 이와 같이 두 가지로 파악하는 것은 『대학』의 관점을 계승한 것이다. 다산에 따르면, 공직을 맡고 있는 사람들의 세계인 공직 사회에서는 민원인들을 나의 가족처럼 여기는 덕성이 어느 정도이며, 업무 수행 능력이 어떠하느냐에 따라 인사가 이루어져야 한다. 이러한 인사 원칙이 어느 정도 실행되느냐에 따라 공직 사회의 질서와 힘이 좌우된다. 한편 국민들의 생활 세계에서는, 예컨대 세금의 징수가 적정한 수준에서 합리적으로 이루어지고 있는가와 같은 재화의 소유와 분배의 문제가 관건이 된다는 것이 다산의 진단이다. 다산은 이것을 다음과 같이 명료하게 말한다.

> 위에 있는 사람들의 욕심은 높은 지위를 갖는 데 있고, 아래에 있는 사람들의 욕심은 재물을 갖는 데 있다. …… 옛날부터 오늘에 이르기까지 조정의 치란(治亂)과 득실(得失)은 항상 현인을 세우는 문제에서 생겼으며, 백성들이 괴로워하느냐 만족해하느냐, 고맙게 여기느냐 원망하느냐는 항상 재물을 거두어들이는 문제에서 생겼다. 비록 많은 제도와 수많은 인원이 천 갈래 만 갈래로 얽혀 있을지라도 그 지향점을 차분히 추적해 가보면 조정의 공직자들과 재야의 백성들이 다투는 것은 오직 이것뿐이다.

이것은 다음과 같은 다산의 인간관에서 나온다. "원래 사람이 이 세상에 태어나면 두 가지 큰 욕심을 가지게 된다. 하나는 '높은 지위를 갖는 것〔貴〕'이고, 다른 하나는 '재물을 갖는 것〔富〕'이다." 여기서 다산의 사상을 잘못 이해하면 사람에 본래 두 부류가 있는 것으로 오해할 수 있다. 사람은 다 같다. 단지 그가 처해 있는 사회적 위상이 사회 운용에 참여하는 공직자일 때와 각자의 개인적 삶을 살아가는 국민의 처지일 때, 각기 다른 지향점을 가지게 된다는 것을 총괄하여 구체적으로 말하고 있을 따름이다.

재물을 탐내는 물질적 욕구를 유가 철학자인 다산이 사람의 기본적인 욕구로 긍정한다는 점이 현대 사회의 우리에게 새롭게 들릴 수 있다. 공직자들이 백성들을 대할 때 가장 중요한 것은 재물의 소유와 관련하여 일을 공정하게 합리적으로 처리하는 것이라고 다산이 주장하는 점도 오늘의 우리에게 중요한 의의를 갖는다. 사회 구성원 전체를 우선 배불리 먹이는 일이 중요하고, 아울러 재화의 소유 및 분배에서 상식을 어기는 공무 처리가 있어서는 안 된다는 점을 말한 것으로 보아야 할 것이다.

송대 이래 『대학』을 읽고 가르친 거의 대부분의 유학자들이 그렇게 생각하였듯이, 다산 역시 국민 모두가 『대학』을 읽어야 한다고 생각하지는 않았다. 『대학』은 공직에 몸담고 있는 사람들이 읽고 실천하기 위해 힘써야 하는 경전이다. 이 점은 주자학과 완전히 일치하는 견해다. 왕양명에서는 약간 모호한 면이 있으나, 왕양명 개인의 처지에서 말한다면, 역시 대학 공부는 전 국민에게 기대하는 것은 아니고, 공직자 계층이 익히고 힘써 실천해야 하는 공부였다고 봐야 할 것이다.

따라서 원리는 이렇게 정리될 수 있을 것이다. '국가나 세계 전체에는 일정한 양의 재물이 있다. 사람은 누구나 법률이 허용하는 한, 남보다 더 많은 재화를 차지하려 한다. 국가도 마찬가지여서 세계의 어느 국가나 다른 나라보다 더 많은 토지와 재화를 차지하고 싶어한다. 그 자체는 잘못이 아니며, 국가 사회의 운용이나 세계의 평화를 생각하는 사람들은 이것을 충분히 긍정할 줄 알아야 한다.

다만 공직자들이나 세계에 영향력을 미치는 강대국은 가치 기준이 달라야 한다는 것이 『대학』의 취지다. 만일 공직자들이 재물 욕심을 앞세우게 되면, 자연히 이들은 자신의 권한과 온갖 교묘한 수단을 동원하여 남보다 더 많은 재화를 차지하려 할 것이다. 강력한 군사력을 가진 강대국 또한 영토 욕심과 재화 욕심을 앞세우면, 약소 국가들은 자연히 굶주릴 수밖에 없다. 이것은 결국 국가 사회의 불안정과 세계의 무질서를 가져온다.

『대학』과 유교 경전들이 덕을 근본으로 강조하는 이유가 바로 여기에 있다. 국가 사회의 공직자들이, 그리고 강대국들이 덕을 최우선시하게 되면 결국에는 그 사회가 한가족처럼 단결되어 강력한 사회가 될 것이고, 재화의 경우도 사람들이 많이 모여들고 외국 자본의 투자도 늘게 되므로 풍부한 재화를 갖는 사회가 된다는 것이다.

요컨대 한 국가 사회의 운용에 간여하는 고위직 공직자일수록 재물 욕심을 버리고 덕을 최우선시하라는 것이고, '평천하'를 꿈꾸는 강대국일수록 덕을 최우선시하라는 것이다.

팍스 아메리카나를 구가하고 있는 미국이 21세기 들어 미국식 평천하의 노선을 점검해 보지 않을 수 없게 된 이유가 여기에 있다. 무고한 시민들이 희생된 데에 대해서는 그 어떠한 테러도 정당화될 수 없지만, 잘 먹고 잘사는 강대국이 아랍권의 많은 약소 국가들이 굶주리는 데에는 별 관심 없이 강대국의 위력만 과시하려 하다 보니 극단의 폭력 세력에게 합당화의 빌미를 제공한 면이 없지 않다고 볼 수 있다.

유가가 지향하는 평천하는 온 세상을 한가족으로 여기는 인
(仁)의 덕성을 출발점이자 귀결점으로 삼는다. 비록 그 덕이 무엇을
가리키느냐, 그리고 어떻게 하여야 그 덕성이 계발되느냐는 주자와
양명과 다산 간에 견해 차이가 있긴 하나, 인(仁)을 지향하는 기본
방향에서는 차이가 없다. 대학 공부의 주체를 사회의 지도층 및 공
직자로 보는 점에서도 별 차이가 없다. 더욱 중요한 점은 이들 송·
명과 조선조의 신유학자들은 모두 철저한 실천가들이었다는 사실
이다.

그들이 각각 정립한 신유학은 사실상 실천을 위한 이론적 근거
로서의 신유학이었다. 남에게 증명해 보이거나 학계의 인정을 받으
려는 데 주목적이 있는 것이 아니라 자신 및 자신과 같은 처지의 사
람들에게 실천의 근거로 제시하는 신유학이었기에, 이들은 기회가
주어지는 대로 사회적 실천에 최선을 다하였다.

다산은 유배 생활을 오래 하였던 탓에 사회 참여의 기회가 박
탈된 상태였으나, 왕양명의 경우는 비록 낮은 직책이기는 하지만 사
회 참여의 기회가 주어져 나름의 최선을 다하였다. 56세로 생을 마
감한 양명은 왕명을 받아 군대를 이끌고 지방의 반란을 평정하고 돌
아오는 길에 과로로 순직하였다. 문인(文人)이 군대의 지휘관으로
공직 수행을 하였다는 것이 좀 의아할 수 있으나, 지식인으로서 시
대적 사명감에 불타는 이들 신유학자들에게는 문인으로 사회 참여
를 하느냐 무인으로 사회 참여를 하느냐는 중요하지 않았다. 우리나
라에서도 임진왜란 때의 의병장과 구한말의 의병장 중엔 문인이 많
았다.

신유학자들이 『대학』의 3강령 8조목을 근간으로 하는 '대학'의 이념을 사회 활동에 실천한 성과로 조선 사회에서 선비 문화가 정착된 일은 신유학의 대학 이념이 낳은 괄목할 만한 성취라고 할 수 있다. 그리고 조선의 선비 집단이 크게 두 진영으로 나뉘어 경합 관계를 유지한 점은 신유학이 동아시아 각 사회에서 전개되는 가운데 우리나라에서만 나타난 독특한 현상이다.

부정적으로 본다면, 이것은 지식인 집단이 다 같이 밝은 덕의 계발에 의한 사회 참여를 추구하면서도 내부적으로 분열을 일으킨 것이라 볼 수 있다. 그러나 이것을 지식인 집단이 분열하고 두 파로 나뉘어 당파 싸움을 한 것으로 보는 것은 얄팍한 이해로, 일제의 제국주의 교육과 밀접한 관련이 있다.

『대학』의 주요 관념으로 말하면, 조선 사회의 선비 집단이 영남학파와 기호학파로 나뉜 것은 혈구지도의 황금률을 현실 사회에서 구현하는 과정에서 불거진 관점의 차이에서 비롯된 것이요, 보편적 자아에 의거하는 실천이 현실에서 두 경향으로 나뉜 것이다. 조선의 붕당 정치는 민생이야 어떠하든 관계없이 정치 세력이 두 패로 나뉘어 자기들의 이권만 챙긴 후진국의 정치 싸움이 결코 아니다.

조선의 선비 집단이 재물욕을 절제했던 것은 현실의 삶을 포기했기 때문이 아니라, 재물을 백성들에게 돌려 인간다운 삶을 사는 평천하를 꿈꾸었기 때문이다.

조선의 지식인 집단이 두 진영으로 나뉘어 경합을 한 것은 『대학』의 이념이 우리나라에서 구현되는 가운데 우리나라의 토양 특성에 맞게 뿌리를 내린 결과였다. 이 점은 오늘의 미국 사회와 여러 가지로 통하는 면이 많으므로, 미국 사회의 상황을 먼저 살펴보기로 하자.

같은 서구권 대학임에도 미국의 대학은 그 나름의 전통을 세우면서 오늘에 이르고 있다. 미국 대학이 성공적으로 세운 훌륭한 전통의 하나가 대학인은 졸업 후에 사회를 위하여 봉사해야 한다는 사회 봉사의 정신이다. 미국 청년들은 애국심이 강하다고 말하고 있고, 특히 배운 사람일수록 사회에 책임 의식을 갖는 사회 참여 정신이 뚜렷하다고 말한다.

우리가 생각할 점 가운데 하나는 최고의 지성인들인 이들이 사회 전체로 볼 때 두 진영으로 나뉘어 경합 관계를 유지한다는 점이다. 자유롭게 말해서, 당파 싸움을 계속하고 있는 것이다. 흔히 보수 진영과 진보 진영이라고 말하는 이들 두 세력은 파벌이나 패거리로서의 대립이 아니라 '사회 참여의 이념'에서, '세계의 질서 유지에 대한 이념'에서 견해를 달리하여 각자의 고유한 색깔을 유지해 오고 있다. 널리 알려져 있듯이, 공화당은 보수 진영의 정치적 결집체고 민주당은 진보 진영의 정치적 결집체다.

의미 있는 사실은 미국 사회의 주체들, 즉 국민들이 이들 두 세력을 적절히 활용한다는 점이다. 쉽게 말하자면, 한번은 이쪽에 맡기고 한번은 저쪽에 맡기는 식의 운용을 해오고 있다는 것이다. 조선 사회의 주체 세력은 왕실이었다. 조선의 주체 세력인 이씨 왕실이 영남학파와 기호학파의 경합 구도를 유지시키면서 이쪽에 주도권을 주었다가 저쪽에 주도권을 주었다가 하던 운용 방식과 동일한 구조인 것이다.

조선 시대에는 지성과 도덕성을 갖춘 두 진영이 서로 비판적으로 경합을 벌였기 때문에 공직 사회에서 부정부패니 비리니 하는 일이 그리 쉽게 일어나지 못했다. 사회를 끌어가는 세력이 하나일 때와 둘일 때는 사회 운용의 전개 양상이 크게 달라지며, 둘일 때와 셋일 때도 차이가 있다. 사회 운용에 영향을 미치는 세력이 셋 이상으로 나뉘면 그리 효율적이지 못하고, 북한처럼 하나만 허용되는 식이면 사회 운용면에서 탄력성이 부족하게 된다. 이쪽에 맡겼다가 잘하면 계속 밀어 주고, 한계에 달하거나 책임질 일이 있으면 저쪽에 맡기는 식의 탄력적 운용을 해야 하는 면에서 본다면 일당 체제는 효율적이지 못한 면이 있다.

지성과 도덕성 위에 『대학』이 강조하는 친민(親民)과 같은 사회 참여의 정신, 이 세 가지를 갖춘 지식인들이 당(黨)으로 진영을 형성하여 활동하는 것이 지금 세계를 움직이고 있다는 미국의 싱크탱크(think tank)이고, 조선중화주의(朝鮮中華主義)를 실현했던 조선의 사림파 싱크탱크였다.

16세기 후반에 사림 세력이 중앙 정계를 장악한 이후, 조선 사회의 운용은 선비 정신으로 무장한 영남학파와 기호학파의 두 선비 집단이 서로 경합하면서 주도권을 다투는 구도를 정조(1776~1800년 재위) 때까지 유지했다. 이것을 붕당 정치라 부른다.

조선의 붕당과 미국의 싱크탱크는 학자 집단이면서도 정치 사회에 직접 참여하는 특성을 갖고 있다. 직업적 정치인이 아니면서도 사회 운용에 직·간접으로 참여하는 특성을 갖고 있으며, 필요할 때는 언제든지 공직에 나가 임무를 수행하고 돌아와서는 다시 본업인 연구나 학문 연마에 힘을 쏟는다. 이 과정에서 자기 진영의 이론을 다듬고 상대방 진영에 대해서는 비판적 검토를 해야 하기 때문에 양자 간에 색깔 차이가 나는 것은 자연스런 일이다.

그런데 일본인들이 한국의 식민 통치를 준비하고 실행하는 과정에서 "조선은 당파 싸움만 하다가 나라가 망했다"는 역사관을 한국의 지식인들에게 심어 주었다. 이 역사관이 미친 영향은 대단히 뿌리 깊은 것이어서 지금의 원로 세대 중에는 아직도 이러한 편견에 사로잡혀 있는 이들이 매우 많다.

조선의 붕당 정치를 부정적으로 바라보는 이러한 편견을 바로 잡기 위해서는 다음 두 가지 사항을 참조하여야 할 것 같다. 첫째, 19세기는 붕당 정치의 시대가 아니었다. 조선조의 19세기는 대혼란의 시대였다. 정조대왕이 승하한 이후로는 붕당 정치의 구도도 점차 무너졌다. 사회 참여를 하려면 권세가에게 줄을 대고 이권을 안겨 주어야 하는 세도 정치의 시대가 온 것이다. 구한말과 20세기 전반기의 한국인들은 아무래도 직접 보고 들은 이 19세기의 상황을 조선조 본연의 모습인 것으로 알기가 쉽다. 다 같은 조선 사회라도 19세기의 상황은 18세기까지의 상황과는 사회 운용의 면에서 본질적으로 차이가 있다고 보아야 한다.

둘째, 선비 집단이 분열하는 것에 대하여 선비 집단 내에서도 비판적으로 말하는 경향이 있었다는 점이다. 대체로 붕당을 형성하는 것에 대해서는 반대하지 않았던 듯한데, 실제로 당이 만들어져 활동하다 보면 자신은 군자이고 상대방은 소인이라는 식의 발언과

처신이 나오기가 쉬우므로 그 폐해가 걱정되어 붕당을 비판적으로 보는 시각이 나오곤 했던 것으로 보인다.

송대의 구양수(歐陽修)는 「붕당론」이라는 글에서 이렇게 말한다.

> 저는 붕당의 말이 예로부터 있었다고 들었습니다. 다만 임금께서 그 군자됨과 소인됨을 변별하시길 바랄 뿐입니다. 대개 군자는 군자와 함께 도를 같이하여서 붕(朋)을 이루고 소인은 소인과 함께 이(利)를 같이하여서 붕을 이루는 것이니 이는 자연스런 이치입니다. …… 그러므로 임금 된 자가 마땅히 소인들의 거짓 붕당을 물리치고 군자들의 참된 붕당을 쓴다면 천하는 잘 다스려질 것입니다(조남욱, 266).

이 원리는 조선의 선비들 사회에서 긍정적으로 받아들여진 것으로 보인다. 영남학파와 기호학파의 두 진영이 각각 동인과 서인으로 출발하여 동서 붕당으로 자리잡는 데 결정적 역할을 한 율곡은 이렇게 말한다. "아! 붕당의 이론이야 어느 시대인들 없었습니까. 오직 그들이 군자인가 소인인가를 살피는 것이 중요할 따름입니다. 진실로 군자라면 곧 천 명이나 백 명이 붕당을 이룬다고 하더라도 많을수록 좋겠습니다만, 진실로 소인이라면 곧 한 사람이라 하더라도 용납해서는 안 될 것입니다."

구한말의 이건창(李建昌, 1852~1898)은 붕당의 전개를 매우 비판적으로 바라보았던 것 같다. 그는 중국의 붕당 역사와 비교하면서 조선의 붕당은 "고금의 붕당을 통틀어서 지극히 크고, 지극히 오래고, 지극히 말하기 어려운 것"이라 말하면서 지나치다고 판단되는 점들을 나열하고 있다.

우리는 이건창의 이 평가를 거꾸로 읽을 필요가 있다. 조선의 붕당 정치는 국가 사회 전체의 주요 지식인들이 간여한 대규모였다는 점, 기껏해야 수십 년 끌다가 마는 한바탕의 국면이 아니라 200년 이상 지속되어 온 뿌리 깊은 정치 문화였고 학술 문화였다는 점이 위의 말 속에 함의되어 있는 것으로 보아도 좋다. "지극히 말하기 어렵다"는 말 속에는 부정적으로만 볼 수 없다는, 조심스러워하는 뜻이 담겨 있다고 볼 수 있을 것이다.

결국 오늘의 한국인들은 조선 선비들의 붕당 정치와 그들의 학문 활동을 면밀하게 분석하여 판단해야 한다.

학문함과 사회 참여

우리가 상식적으로 알고 있는 오늘의 현실로부터 접근해 보자. 예나 지금이나 각 대학에는 이른바 '고시파'로 불리는 학생들이 있다. 이들은 대학 강의나 전공 공부 등에는 거의 관심이 없고, 오로지 국가고시 준비에만 온 힘을 쏟는다. 조선 사회의 국가고시는 과거였다.

조선 사회에서나 지금이나 국가고시에 합격하는 사람보다는 떨어지는 사람이 더 많다. 그래서 수험생들은 한바탕 전쟁을 치르듯이 비장한 각오로 오로지 합격하기 위해서 혼신의 힘을 다한다. 이때에는 이른바 인성(人性)이니 도덕이니 하는 것들은 귀에 들어오지 않는다.

오늘날의 우리가 주의를 기울여야 할 것은 합격한 뒤의 과정이다. 오늘날 고시에 합격한 사람들이 공무원이 된 뒤에 주력하는 일들이 무엇인지는 필자보다도 독자들이 더 잘 알 것 같다. 흔한 말로 학연·혈연·지연을 부지런히 쫓아다니고 챙기고 다녀야 한다. 분명한 것은 현대의 고시 합격생들이 합격 후에 큰 학문[大學]을 닦는 일은 거의 없으며, 할 필요도 없다는 점이다. 개인적으로 관심이 있으면 모를까, 그렇지 않고서는 철학이니 역사니 하는 인문학을 연마하는 데 관심을 가질 처지가 못 되는 것이다.

이 점에서 조선 사회의 고시 합격생들은 전혀 다른 과정을 밟았다고 볼 수 있다. 그때에도 과거 급제자들은 오늘날과 마찬가지로 학연과 혈연을 부지런히 챙겼던 것 같다. 하지만 그 내용이 오늘날과는 많이 다르다. 오늘의 고위직 공무원들이 학연과 혈연·지연을 챙기는 것은 순전히 자기 이익[利]을 위한 것이다. 노골적으로 말해서, 우리끼리 밀어 주고 끌어 주고 해서 잘해 보자는 것이다.

이것이 잘못된 일이라 말하고 싶지는 않다. 더구나 자유민주주의 사회에서는 법률이 허용하고 도덕이 허용하는 한에서는 최대한 자신의 권익을 챙기도록 되어 있으니, 잘못이라고 할 수도 없다. 필자가 그와 같은 처지에 놓인다고 해도 별로 다를 바 없을 것이다. 다만, 이런 형태의 공직자 문화는 조선조의 것도 아니고 서양 것도 아니라는 점만은 분명히 해두자. 서양 사회의 공직자들은 각종 연(緣)에는 관심이 거의 없고 규정의 준수와 자신의 능력 배양에 관심을 쏟는 것으로 알려져 있다.

조선 사회의 양대 싱크탱크에 연원을 두는 공직자들은 고시에 합격한 후에 공무 수행 능력과 아울러 얼마나 사익(私益)을 멀리하고 공익(公益)을 추구하는가, 얼마나 인문학적 소양을 두텁게 닦는가 등등의 면에서 실력을 인정받아야 했다. 아무리 뭉칫돈 싸들고 장관집 드나들어 봤자 원칙적으로 통하지 않았다는 이야기다. 이것을 뒷받침해 주는 것이 유교 경전이었고, 학문을 하는 지식인으로서의 실천 강령을 잡아 주는 경전이 바로 『대학』이었다.

『대학』은 공직자들에게 항상 백성을 위하여 최선을 다할 것과 평천하의 이상을 실현하기 위해 헌신하라고 말하고 있다. 하·상·주 삼대의 태평성대는 임금 이하 고위직 공직자들이 그와 같은 직무 수행 자세를 유지했던 데서 실현되었다는 논리 구조를 『대학』은 보여 주고 있다.

조선의 선비 집단이 양대 진영을 형성하여 경합하는 구조를 200년 이상 유지하였던 가장 중요한 배경은 철학에 있다. 물론 이 체제를 사실상 조성하고 이끌어간 이씨 왕실의 정치 실력이 있었기에 가능한 일이었기는 하나, 주권자측이 아무리 노력하더라도 정치 세력들이 수준을 유지하지 못하거나 양대 진영 구조를 파괴한다면 이루어질 수 없는 일이다. 영남학파와 기호학파는 각 진영의 이념을 뒷받침해 주는 독자적인 성리학을 퇴계와 율곡 때 이미 구축해 놓고 있었다. 그러므로 중간에 적당히 정치적 타협을 하거나 양 진영이 하나로 통합될 가능성은 매우 낮았다. 순수 정치 세력은 쉽게 변질될 수 있으나, 철학이 밑바탕에 자리잡고 있으면 쉽게 바뀌지 않는 법이다. 미국의 보수 진영과 진보 진영이 하나로 통합될 가능성은 매우 낮으며, 가다가 중간에 적당히 한쪽이 와해될 가능성도 희박하다.

　송대 이래의 신유학자들은 국가 사회의 운용에 적극적으로 주체 정신을 발휘하려 했고, 이러한 취지는 재건된 신유학으로 철저히 훈련을 쌓으면서 실천에 옮겨졌다. 조선의 선비 집단은 더욱 모범적인 사례였다.

　사회 참여와 관련하여 한 가지 더 짚고 넘어갈 점은, 조선 사회에서는 이들 사림파 선비들에 의해 중앙과 지방이 긴밀하게 연결되었다는 것이다. 20세기의 한국 사회에서 국가 고등고시에 합격한 인재들은 일단 합격하여 벼슬길에 오르면 대개가 서울로 이주하여 정착해 버린다. 그러나 조선 사회에서는 원칙적으로 그렇지 않았다. 서울에 머무르는 것은 공직을 맡을 때뿐이고, 공직에서 물러나면 곧바로 본거지인 고향으로 돌아가 계속 향촌 사회의 지도층으로서 자리를 지켰다. 향촌 사회에의 참여 또는 봉사가 일생 계속되었던 것이다.

　자유민주주의의 기본 요건 중 하나가 지방 자치다. 그런데 출세한 인재들이 모두 중앙으로 몰려 버리면 중앙과 지방의 유기적 연결 및 균형 잡힌 발전이 원활하게 이루어지지 못한다. 우리나라 민주주의 정착을 위해 다 같이 멀리 보고 생각해 볼 문제들이다.

조선 사회의 노블레스 오블리지

현재의 한국 사회를 개탄하는 목소리 중에는 출세한 사람들 및 지도층 인사들의 도덕성 부족을 향한 것이 적지 않다. 자유민주주의를 먼저 시행한 서구 사회에서도 그러겠지 하고 생각할 수도 있으나, 알고 보면 서구의 상류층 사람들은 오히려 일반인들보다 더 애국심이 강하고 높은 도덕성을 유지하고 있다고 한다. 이것을 흔히 '노블레스 오블리지(Nobless Oblige)'라 말한다.

일석 이희승의 유명한 수필 「딸깍발이」는 아마도 구한말 조선의 한 선비로서 산 남산골 샌님의 "퍽 초라하고 유별난 궁상"을 소재로 하고 있다. 그 샌님에게도 "소위 양반으로서 벼슬 하나 얻어 하는 것이 유일한 욕망이요, 영광이요, 사업이요, 목적"이었지만, 그의 생활 신조는 조선의 선비들에게 공통된 것이었다. "그들은 너무 강직하였다. 목이 부러져도 굴하지 않는 기개, 사육신도 이 샌님의 부류요, 삼학사도 '딸깍발이'의 전형인 것이다. …… 임란 당년에 국가의 운명이 단석에 박도되었을 때, 각지에서 봉기한 의병의 두목들도 다 이 '딸깍발이' 기백의 구현인 것을 의심할 수 없다." 저자는 남산골 샌님에게는 현대인이 배워야 할 좋은 일면도 있음을 언급하며 다음과 같이 맺고 있다.

현대인은 너무 약다. 전체를 위하여 약은 것이 아니라 자기 중심, 자기 본위로만 약다. 백년대계를 위하여 영리한 것이 아니라 당장 눈앞의 일, 코앞의 일에만 아름아름하는 고식지계(姑息之計 : 근본적인 해결책이 아닌 임시 변통의 계책)에 현명하다. 염결(廉潔)에 밝은 것이 아니라 극단의 이기주의에 밝다. 실상 이것은 현명한 것이 아니요, 우매하기 짝이 없는 일이다. 제 꾀에 제가 빠져서 속아 넘어갈 현명이라고나 할까. 우리 현대인도 '딸깍발이'의 정신을 좀 배우자.

첫째 그 의기(義氣)를 배울 것이요, 둘째 그 강직을 배우자. 그 지나치게 청렴한 미덕은 오히려 분간하여 가며 배워야 할 것이다.

서양 상류층 사람들의 상류층 의식이나 조선 사림의 선비 문화는 하나의 문화다. 문화는 구성원들이 주체적으로 이 세상을 살아갈 때 생명력을 갖는다. 억지로 조장하여 형성될 수 있는 것이 아니다.

영국의 역사는 신사(gentleman)라는 모범적인 인격의 범형을 낳았고, 일본은 사무라이라는 인격의 범형을 낳았다는 사실을 우리는 알고 있다. 이 범형은 그 나라 문화의 산물이자, 동시에 오늘날에도 그 나라 사람들의 문화 활동에 영향을 미치고 있다. 특히 그 나라 지도층 사람들의 삶의 방식에 영향을 미치고 있는 하나의 문화 생명체다.

조선조 이전에도 선비로 평가될 만한 지식인들이 있었던 것으로 추정되나, 분명한 사실은 조선의 유교 문화 시대를 거치면서 '선비'로 통칭되는 한국 지식인상의 범형과 그들의 삶의 방식인 선비 문화가 확정되었다는 점이다.

현대의 우리가 조선의 선비 문화를 바라볼 때, 선비를 때로 "금전이나 산업, 경제 같은 세사(世事)에는 무관심"한 어리석은 사람들로 볼 수 있다. 그래서 "객관적·물질적·생리적 요인에의 무관심은 한국 선비의 본질"(이규태, 189~190쪽)이라는 서술이 나오기도 한다. 이런 사항들에 대해서는 언론인인 이규태가 책으로 펴낸 바 있다.

하지만 조선의 선비들에게는 견고한 세계관이 있었다. 마치 동물들이 생명을 유지하고자 하는 생존 본능을 가장 근원적인 본능으로 갖고 있듯이 조선의 선비들은 인류의 역사가 어떻게 진행되어야 하는가, 지식인으로서 '나'는 어떻게 살아야 하는가에 관한 인생관에서 문화적 삶의 가장 근원층을 이루는 일종의 본능을 갖고 살았다.

지금까지의 논의는 송대 이래 조선조에 이르기까지 신유학 전개에서 매우 중요한 지위를 갖는 경전인 『대학』을 놓고, 조선 선비들의 세계관이 유학 사상의 면에서 어떠한 기틀 위에 세워졌는가 하는 단서를 제공하는 의의를 갖는다고 하겠다.

역사란 무엇이고, 인생은 어떠한 의의를 갖는가 등에 관한 조선 선비들의 세계관에 관한 학술적 연구로는 최봉영의 『조선 시대 유교 문화』가 탁월한 저술로 판단된다. 조선 사회의 사림과 지식인 집단에서부터 확고해지기 시작하여 16세기 후반 이후로 조선 사회를 주도하였던 선비 문화는 법률이나 규정이나 약속 등의 차원을 떠나 그 자체로 하나의 강력한 규범이요, 국가와 민족과 세계의 운용을 책임지는 세계관이었다.

한국의 문화 역사가 낳은 독특한 노블레스 오블리지 전통을 현대의 한국인들은 정면으로 계승하지 못하고 있다. 이것은 사회 운용 주체에게 책임을 물어야 할 사안이다. 조선 사회를 운용하는 책임은 왕실에 있었다. 그렇다면 조선 사회에서 선비 문화가 확고하게 자리 잡은 데는 물론 선비 집단의 세력도 크게 작용했겠지만, 이들의 노블레스 오블리지를 존중하면서 적절히 활용하였던 왕실에 일정한 공이 돌아가야 한다. 현대의 한국인들은 인재가 없다고 한탄할 일도 아니고, 지도층 사람들이 도덕성이 부족하다고 개탄할 일도 아니다. 한국 사회의 주체인 유권자들이 선비 문화에 가까운 사람들을 선택하고 지지하는 노력을 통해 인재를 키워 나가면 충분히 가능성이 있는 일이다.

없는 전통을 세우기는 대단히 어려운 일이나, 있는 전통을 활용하는 것은 그렇게 힘든 일이 아니다. 그러나 아무리 뿌리 깊은 전통이라도 방치하면 희미해지고 사라지게 되는 것 또한 역사의 법칙일 것이다.

지치주의(至治主義)의 이상

조선의 선비들은 뚜렷한 이상을 가지고 있었고, 이것을 현실에서 실현하고자 온 힘을 쏟았다. 한편으로는 이상주의자이면서도 다른 한편으로는 직접 그 이상을 구체적으로 실현할 수 있는 추진력을 가지고 있었다. 이 양면성을 현대인들은 제대로 이해하지 못할 수가 있다. 왜냐하면 오늘의 한국인에게는 '선비' 하면 골짜기에 틀어박혀 독서로 소일하면서 자기만의 세계에서 살아가는 사람들, 즉 세상과는 관련이 없고 또 없어야만 진정한 선비인 것처럼 생각하는 경향이 있기 때문이다. 결론을 먼저 말한다면, 이러한 선비상은 가짜이거나 왜곡된 것이다. 거기에는 그만한 사정이 있다.

앞으로 우리가 한국의 선비 전통을 어떻게 활용할 것인가와 관련하여 매우 중요한 이 문제에 관해서는 다음 최봉영의 서술을 잊지 말아야 할 것이다.

오늘날 국어사전에서 선비를 '학식이 있되 벼슬하지 않은 사람'으로 풀이하는 것은 주로 구한말과 일제 시대에 볼 수 있었던 선비의 모습에 기초를 두고 있다. 1876년 개항으로 나라의 문호가 열리면서 서구의 문물이 밀려오고 새로운 시대가 전개되자, 국가가 필요로 하는 인재의 성격에 큰 변화가 초래되었다. 이 때문에 유학적 소양도 중요하지만 서구적 문물과 시대의 변화를 이해할 수 있는 능력이 아울러 요구되었다. ······ 일제 시대로 접어들자 선비와 관료가 완전히 분리되어 서로 다른 길을 가게 되었다. 유학을 전공하는 정통적 선비들은 일제와 신문물에 대한 저항적 자세를 버리지 않았다. 따라서 그들은 구학문을 고수하는 재야의 학자로 남아 있었다. ······ 이처럼 학자와 관료의 길이 확연히 구분되자, 많은 지식인이 벼슬과는 관련이 없는 순수한 의미의 포의(布衣)로 남게 되었다. 이때부터 선비는 자연히 '학식이 있되 벼슬하지 않은 사람'을 뜻하게 되었다. 그러나 이것은 일제 시대나 그 이후에 볼 수 있는 선비의 모습이지 조선 시대적 선비의 모습과는 거리가 있었다(최봉영, 48~49쪽).

오늘날의 젊은 세대는 이 사실을 정확히 인지하고 있어야 한다. 구미의 필로소피 전통에서 큰 학문을 하는 사람들이나 인도의 문화 전통에서 큰 학문을 하는 사람들과 달리, 동아시아의 전통 학계, 특히 조선조의 지식인 사회에서는 "출세, 곧 선비가 세상에 나가 벼슬한다는 것은 당연한 일이다. 학문을 닦고 경륜을 쌓았으면 마땅히 국가와 민족을 위해 일해야 하는 것"(최근덕, 18쪽)이 대원칙이었다.

구한말과 일제 시대를 거치면서 조선의 선비 집단이 국가와 민족을 위해 제 역할을 못한 요인으로는 다음 세 가지를 들 수 있다. 첫째, 서양 문화를 형편없는 오랑캐 문화로 간주하는 선입견을 갖고서 무시한 점이다. 오늘의 시점에서 냉정하게 비판해 본다면, 이것은 학술적인 태도가 못 된다. 서양 문화를 나름대로 근거 있게 알아보고 얕잡아 보는 일은 있을 수 있으나, 잘 알지도 못하고, 알아보려고 노력도 하지 않으면서 마치 '상대할 가치도 없다'는 식으로 무시해 버리는 것은 배운 사람들의 자세가 아닐 것이다.

둘째, 위 첫째와 맞물려 있는 사항으로, 조선 문화에 대한 자부심이 대단했다는 점이다. 최고 수준의 인류 문화를 지켜 오던 중국도 만주족의 청(淸) 왕조가 지배하고 있어 현 단계는 최고 수준의 나라는 못 되고 있으니, 오직 조선만이 이 세상에서 최고의 인류 문화를 유지하고 있는 유일한 나라라고 믿는 조선 중화 사상의 자부심이 18세기 진경 시대를 거치면서 조선의 선비 사회에서 굳혀진 터였다. 자국의 문화에 자긍심을 갖는 것은 좋은 일이나, 너무 지나치다 보니 세상의 흐름을 놓치는 실수를 범하게 된 것이다. 서구로부터 밀려오는 근대화 물결에 능동적으로 대처하지 못한 것이 '하나의 중대한 실수'가 되는 이유는 유학의 필수 요건 중 하나가 시중(時中)이기 때문이다. 그 시대의 상황에 부응하여 유교적 가치를 실현해 나가야 한다는 것이 유학의 필수 요건인 것이다.

셋째, 성리학의 경직화를 들 수 있다. 1800년에 승하한 정조대왕은 한창 일할 나이인 50대에 갑작스럽게 묘한 병으로 세상을 떠나고 만다. 24년 동안 성리학 세력을 충분히 두둔해 온 정조는 그 기반 위에서 세상의 변동에 부응할 수 있는 세력을 조선 사회의 운용에 끌어들이려는 일정을 잡아 놓고 있었던 것으로 추정된다. 더러 '개혁 정치의 추진'으로 말해지는 이 사업을 막 시작할 시점에 갑작스럽게 승하한 것이다. 그래서 이 개혁에 반대하는 세력에게 독살되었다는 설도 제기되었다.

하지만 조선 사회의 주체인 왕실이 제대로 운전을 못한다 하더라도, 사림 세력 자체가 세상의 변동에 부응하는 역량을 갖추는 길이 있다. '경직화' 또는 '교조화'되었다고 말하는 이유는 바로 이 점에서 19세기의 사림 세력이 낙제점 수준으로 추락하였던 데 있다. 세상의 변동에 부응한 진영으로 조선 후기의 실학파를 들 수 있지만, 이들의 사상과 대응책은 당시 조선 사회를 주도하던 세력에게는 거의 알려지지도 않았다.

실학파의 사람들이나 성리학 진영의 사람들이나 조선의 사림파 지식인들은 확고한 지치주의(至治主義) 신념을 갖고 있었다. 지치주의는 말뜻 그대로는 '지극한 정치'라는 뜻이고, 그 정치적 의미는 중국 고대 하·상·주 시대에 실현되었던 인류의 이상적인 사회 운용 상태를 조선 땅에서 재현하겠다는 이념과 추진을 말한다.

국사 교과서 덕분에 '지치주의' 하면 정암 조광조(靜庵 趙光祖)를 떠올리게 된다. 그러나 지치주의는 조정암 개인의 사상이 아니라 조선 선비 집단의 공통 이념이자 지상 과제였다. 이 이념은 송대에 신유학이 재건되면서 형성되었다.

우리나라의 경우, 주자에 의해 재정립된 신유학의 이념으로 무장한 신진 유학자 진영은 고려 말 포은 정몽주의 피살 사건을 계기로 두 노선으로 나뉘었다. 한쪽의 참여파 신유학자들은 조선 건국의 이념 정립 및 제도 정비 등 제도권 내에서의 사회 참여를 한 반면, 불사이군(不事二君 : 두 임금을 섬기지 않는다는 신념)의 절의파 신유학자들은 전국의 향촌 사회로 뿔뿔이 흩어져 공직을 맡지 않은 상태에서 순수하게 학문을 연마하고 전수하는 학자로서, 그리고 지역 사회를 이끌어 가는 지도층 인사로서 사회 참여를 하였다. 조선 후기에 조선 사회를 이끌어 간 기관차로서의 사림파 선비 집단은 이들 절의파 주자학자들을 계승한 자들이다.

1498년의 무오사화로부터 1545년의 을사사화에 이르기까지 4대 사화를 거친 후 16세기 후반에 사림 세력이 중앙 정계를 완전히 장악하게 되면서, 조선 전기의 참여파 신유학자들(관학파)은 학자로서는 거의 사이비에 가까운 존재들로 폄하되면서 푸대접을 받아 왔다. 현대의 우리는 공정한 평가 기준을 가져야만 할 것이다.

조선 전기의 관학파나 중엽 이후의 사림파나 『대학』 1장에서 천명하고 있는 "대학의 도는 밝은 덕의 계발에 있으며, 신민에 있으며, 지극한 선에 머무는 데 있다[大學之道, 在明明德, 在新民, 在止於至善]"에 기반을 두는 지치주의 이념과 추진에서는 본질적으로 차이가 없다. 다음 조정암의 신조는 사실 관학파의 주자학자들도 별로 다를 바 없었다.

> 배우는 자가 성현(聖賢)이 될 것을 기약한다고 해서 반드시 성현의 경지[聖賢之域]에 이르는 것은 아니며, 임금 된 자가 요·순의 당·우(唐虞) 시대와 하·은·주 삼대를 기약한다고 해서 반드시 그러한 당·우·

삼대의 훌륭한 정치를 이루는 것은 아니다. 그러나 뜻을 이와 같이 세우고 격물-치지-성의-정심에 공들여 가면 점점 성현의 경지와 요순의 정치에 이르는 것이다.

사회 참여의 신민(新民)과 지어지선(止於至善)의 면에서는 큰 차이가 없고, 다만 격물-치지-성의-정심을 주요 내용으로 하는 수신에서 조선 전기의 관학파와 조선 후기의 사림파 간에는 근본적인 차이가 있다. 관학파의 주자학자들이 수신의 수양 공부를 하지 않은 것은 아니나, 사림파 선비들에 비하면 관학파의 주자학에서는 수신이 그리 전문적이지 않은 반면, 사림파의 주자학에서는 수신과 실천의 철저한 실행이 요구되었다.

결론적으로 조선 시대에 큰 학문을 하는 학자는 의당 조선 사회의 운용 및 인류 사회의 역사에 책임 의식을 가져야 하고, 기회가 주어지면 마땅히 참여하여 봉사해야 하는 것이 하나의 원칙이었음을 확인할 수 있다.

선비가 사는 이유

보통 사람들의 안목으로 볼 때, 선비는 어리석은 인생을 사는 사람들로 보이는 일이 많다. 순수하게 관료적 삶을 사는 사람이 바라볼 때도 선비는 답답한 사람들로 보이는 경우가 많다. 그래서 "어리석기란 다난한 한국사를 겪은 지식인(선비)들의 지혜였고, 또 선비들의 존재 이유이기도 했다"(이규태, 179쪽)는 논평이 가능하다. 선비의 처신을 지켜보면, 그를 아는 사람들로 하여금 '그런 말은 안 하는 것이 승진에 이로울 텐데……', '출세했으니 외모에도 돈 좀 들일 만한데……', '그처럼 권세가와 대립하다가는 필경 손해 볼 텐데……' 하는 아쉬움 내지 어리석음을 느끼게 하는 경우가 많은 것이다.

조선의 선비들이 추구하는 가치의 세계에서 보면, 인간은 천지만물의 생성과 전개에 대해 역사적 책임을 갖고 주체적으로 그 운행에 참여해야 하는 우주의 주체자였다. 그 책임을 다하기 위해 그들은 『대학』에서 규모를 세운 큰 학문을 평생 연마하는 가운데 "천지만물의 생성과 전개를 깊이 있게 연구하고, 그것에 부합할 수 있는 삶을 살아야 했다"(최봉영, 117쪽). 보통 사람들과는 근본적으로 가치관이 달랐던 것이다.

어느 나라가 되었든 국민 모두가 이러한 세계관과 가치관을 갖고 산다는 것은 현실적으로 불가능한 일이다. 가장 이상적인 사회라면 이런 가치관을 추구하는 사람들이 국민들로부터 존중되고 지지받는 사회일 것이다. 자유민주주의를 확립해 가야 할 우리로서는 신중하게 검토해 봐야 할 사안이다. 민주주의 제도에서의 평등이란 불평등의 차별 받는 사람이 없어야 한다는 취지이지, 결코 모든 사람들이 똑같은 세계관을 가지고 살아야 한다는 것은 아니기 때문이다. 조선의 선비 집단이나 지금 미국의 싱크탱크와 같이, 소수의 국가엘리트 집단을 키워 나가는 것이 자유민주주의 제도와 어긋나는 것은 아니다.

일반인들이 유념해야 할 점은, 이들의 파가 갈라지고 서로를 비판하는 것을 국론 분열로 걱정할 필요가 없다는 것이다. 걱정할 일이 있다면, 그것은 이들이 수준을 유지하는가, 그들이 자신들의 가치관 실현에 충실한가 등이다.

일본의 수야직희(狩野直喜)는 "도대체 송유(宋儒)의 학풍은 일반적으로 남을 나무라는 것이 너무 심각하여, 관용성이 결핍되었다"(오이환 역, 356쪽)고 말한다. 현실상의 세력 판도나 지위 고하를 막론하고 옳은 것을 옳다고 하고 그른 것을 그르다고 하며, 학술적으로도 서로 견해가 다르면 타협을 모르고 논변을 벌이는 송대 이래 신유학자들의 특성을 지적한 것으로 보아도 좋다. 이것이 수준을 지키지 못할 때는 개인적으로나 국가적으로나 기력 낭비가 되겠으나, 수준이 지켜진다면 국가 사회 운용의 든든한 기반이 될 수 있다.

김충열의 다음 지적은 오늘의 우리가 조선 사회 선비들의 붕당 형성에 대하여 다시 새겨 봐야 하는 계기가 될 수 있다.

> 5백 년 동안 유교가 해놓은 일에 대해서 사람들은 봉건 제도니 권위주의니 하고 비난을 퍼붓기도 하지만, 따지고 보면 이조의 정치만큼 시비를 분명하게 가리고, 명분을 찾아서 일을 처리한 때도 드물다. 때로 이것이 너무 제도적으로 분기(分岐)되어 서로를 견제와 대화가 조절되기보다는 의리의 당부(黨否)에만 치중되었기 때문에 비생산·비능률·비현실적인 면이 노출, 이른바 당쟁이니 사화니 하는 비극이 벌어지기도 했지만, 그것은 위정자들이나 정치를 비판하는 사류들 간의 일이었고, 그럴 때마다 피통치자인 백성들은 오히려 편안했다고 한다. 즉, 당쟁이 심하면 서로는 서로의 비행을 감시하게 되므로 관리들의 행패가 일어날 수 없다는 것이다. 이른바 '경쟁성'의 소통을 민주주의처럼 제도화하지

는 못했다 하더라도 경쟁의 바탕을 그 나름 언로의 창달에다 두고 또 승부의 기준을 의리에다 두었으므로, 그가 궤도에 올라 있을 때는 결코 민주주의 기능보다 못하지 않았다는 것을 인정해야 한다. …… 여지껏 동양에서 행해졌던 유교 정치 중에서 이조 정치가 그래도 가장 유교적 성격을 잘 나타냈던 것으로서, 오늘을 사는 우리에게 그 본받을 바를 많이 남겨 주고 있는 비교적 합리적인 정치였다는 것을 잊어서는 안 되겠다 (김충열, 260쪽).

전근대에서 근대로의 전환과 같은 근본적인 시대 여건의 전환을 맞이하면, 선비들의 입장 또한 극단의 수구적인 경향에서부터 전면 혁신파에 이르기까지 다양해지게 된다. 어느 입장이 되었든 보통 사람들의 안목으로 볼 때는 어리석은 사람들로 보일 수밖에 없다. 머리를 자르도록 허용한 단발령에 대하여 "내 목부터 자르라"고 반대하는 선비가 있는가 하면, 이미 나라의 주권을 빼앗겼는데도 이국 땅을 헤매며 독립 운동을 하다 생을 마감하는 선비도 있다.

이승희와 이병헌의 경우를 간략히 살펴보자. 한계 이승희(韓溪 李承熙, 1847~1916)는 영남의 대표적 이학자(理學者) 한주 이진상의 아들로, 1908년 62세의 노령임에도 러시아로 망명하였다가 이듬해 만주에서 독립 운동과 공교(孔敎) 운동을 전개하였다. 그는 신학문과 구학문의 통합을 주장하여 새로운 시대 여건에 부응하는 유학 사상을 재건하려고 시도하였다.

중국에서 간행된 『유교 복원론』의 저자로 학계에 알려져 있는 진암 이병헌(眞菴 李柄憲, 1870~1940) 역시 성리학자로 출발하였지만, 시대 여건의 변화를 나름대로 충분히 체험한 후 새 시대에 맞는 유학의 진로를 제시하였다. 그는 서양 사람을 오랑캐로만 보는 것에 반대하고 서양이 오늘날 저렇게 위세를 떨치는 데는 서양 사회 나름의 사회 윤리가 있기 때문이라고 주장하였다. 또한 불교와 기독교에 찬성하는 것은 아니었으나, 유학자들이 이들 다른 종교를 공격하는 것은 옳지 않다고 주장하였다. 이 두 학자가 외국 땅에서 갖은 고생하면서 뭔가를 추구한 동기는 공직을 얻기 위한 것도 아니고, 명예를 위한 것도 아니었다. 이들은 유교의 대학(큰 학문) 이념을 실천하다가 선비로서의 생을 마쳤을 따름이다.

좀더 가까운 시대의 인물로는 심산 김창숙(心山 金昌淑, 1879~1962)을 들 수 있다. 좋은 가문에서 태어났으나, 일제 시대에 독립 운동을 하다 옥고를 치르면서 불구가 되었다. 광복 후에도 정상적인 한국 사회의 운용을 위해 부패와 투쟁하다가 "서울에서 집한 칸도 없이 궁핍한 생활 속에 여관과 병원을 전전하다가 드디어 온 국민의 애도 속에 숨을 거두게 되었다"(심산사상연구회, 429쪽). 참으로 답답한 인생이다.

그러나 이 답답한 인생들이 일정수 이상 있어야 그 사회가 견실해진다. 여기에는 국가와 국민의 책임 및 보호가 반드시 필요하다. 조선 사회에서는 왕실에서 이들을 관리했지만, 자유민주주의 사회에서는 국민과 정부의 관심과 지원이 있어야 할 것이다.

지금 미국을 이끌어 가고 있는 기관차는 흔히 '싱크탱크'로 불리는 두뇌 집단이다. 실제 미국의 싱크탱크는 거의 기부금으로 운영되고 있지만, 국가 전체로 볼 때 정부 예산도 엄청나게 들어가기 때문에 미국 국민들의 시선이 그리 곱지만은 않았다고 한다. 심지어 "싱크탱크가 밥먹여 주느냐"는 원색적인 비난도 있었다고 한다. 그러나 연방정부는 그 같은 반대 속에서도 싱크탱크에 엄청난 예산을 들였고, 그 결과 "오늘날 미국의 싱크탱크가 발전하고 미국이 강대국이 된 것은 수십 년 간 한결같이 싱크탱크에 많은 투자를 했기 때문이라고 볼 수도 있다"는 평가가 나올 수 있게 되었다(정서환, 51쪽).

　　과거의 사회에서나 미래의 사회에서나 소학(小學)만 익히고서도 개인은 얼마든지 행복하게 살 수 있다. 대학(大學)은 국가와 세계와 우주를 생각할 줄 아는 사람들의 영역이어야 할 것이다. 우리나라 역사에서 조선의 선비들은 유교적 세계관과 가치관을 이런 차원에서 하나의 지식인 문화로 정착시킨, 가치 있는 사례를 낳았다.

　　우리나라의 현재와 미래를 위해 우리는 조선 사회 지식인들의 대학 이념과 그들의 실천을 어떻게 비판적으로 계승할 것이며, 앞으로 어떠한 대학관을 세워 갈 것인가? 이것이 필자와 독자, 그리고 우리 모두에게 남겨진 과제다.

미 주

1) 「중앙일보」, 2001년 8월 6일자.

2) 물론 동아시아 문명이나 인도 문명에 신의 개념이 없는 것은 아니다. 동아시아의 민간 신앙에는 다양한 신이 설정되어 있으며, 인도에서도 신화와 종교적 설화에 수많은 신들이 등장한다. 인도 문명의 산물인 불교에도 신과 유사한 존재들이 설정되어 있다고 할 수 있을지 모르나, 초자연적 영역을 깨친 것인 해탈의 경지를 이들이 주관하는 것은 결코 아니다. 그들은 오히려 해탈을 위한 도구나 수단의 성격을 갖는다.

3) 국내 연구로는 다음 두 논문이 뛰어나다. 문병도, 「孔孟의 恕의 도덕 판단 방법론에 관한 小考─義務論과 公利主義의 종합」, 『東洋哲學』 제8집, 한국동양철학회, 1997 ; 금회경, 「유가 윤리적 실천 원칙으로서 恕에 대한 변명」, 『철학 논구』 제28집, 서울대학교 인문대학 철학과, 2000.

4) 李焯然, 「大學與儒家的君主敎育」, 『漢學硏究』 第7卷 第1期, 民國 78年, p.3.

5) I. Kant, *Grundlegung zur Metaphysik der Sitten*, S. 22 : 李奎浩 譯, 『道德形而上學原論』, 37쪽.

6) 『대학』 자체는 이론면에서 확정적이지 못한 채 열려 있는(open) 부분들을 포함하고 있다. 이 점 때문에 대학 공부의 철학적 기반에 관해서는 학파나 학자에 따라 크게 차이를 보여 왔다. 우리가 채택하고 있는 해석은 주자의 해석이다. 주자는 격물을 물의 이(理)를 아는 것으로 해석하여 주지주의(主知主義)적 색채가 짙다.

7) 여기 번역문에 "깊은 산 울창한 숲"으로 번역한 "丘隅(구우)"에 대해서는 언덕 모퉁이로 보는 견해와 숲이 울창한 깊은 산으로 보는 견해가 있다. 주자와 다산은 모두 "깊은 산의 숲이 울창한 곳〔岑蔚之處〕"으로 본다. "緜蠻(면만)"은 본래 새 울음소리를 나타내는 의성어이나, 보통 꾀꼬리를 가리키는 것으로 본다. 일부 학자들은 "緜蠻"의 면(緜)을 '민'으로 읽기도 한다. 도산본(관찬본) 『대학언해』와 율곡본 『대학언해』가 모두 '면만'으로 표기하고 있으니, '면'으로 읽기로 하자. 본래 『시경』의 「면만」시에 대해서는 미천한 사람이 부역의 고달픔을 읊은 시라고 보기도 하고, 스스로 능력이 있다고 믿는 말단의 신하가 자신이 크게 쓰이지 못하는 현실을 탓하며 현인인 자신이 초야에 묻혀 사는 것을 꾀꼬리가 언덕 모퉁이에 머물고 있는 것에 비유하여 풍자하였다고 보기도 한다. 그러나 공자의 논평 맥락이나 『대학』 작자의 의도, 그리고 주자 및 다산의 이해는 그런 시각과는 전혀 다른 맥락에 있다. 이런 것이 경전 편찬에서의 단장취의(斷章取義)적 요소다.

8) 『禮記』 「禮運」: "大道之行也, 天下爲公, 選賢與能, 講信修睦. 故人, 不獨親其親, 不獨子其子, 使老有所終, 壯有所用, 幼有所長, 矜·寡·孤·獨·廢疾者, 皆有所養. 男有分, 女有歸. 貨惡其棄於地也, 不必藏於己. 力惡其不出於身也. 不必爲己. 是故 謀閉而不興, 盜竊亂賊而不作. 故外戶而不閉. 是謂大同." 번역문에서 '노력(努力)'의 원문은 '力(역)'이다. 글자 뜻 그대로 바꾸면 번역어의 한자는 '努力(노력)'이어야 하겠으나, 여기의 '力'은 문맥상 육체 노동뿐만 아니라 정신 노동까지를 포함하고 또한 뭔가를 위해 일하는 것을 함의하므로 '힘쓴다'는 의미의 '努力'이 더 적절할 것으로 생각된다.

9) Raymond Dawson, *The Legacy of China*, Oxford University Press, 1971, p.12.
"China offers an enchanting picture of what the whole world might become.
······ Go to Peking!······He is the true and perfect image of Heaven!"

10) 박성환, 『막스 베버의 한국사회론』, 울산대학교 출판부, 1999, 87~88쪽 참조.

앞의 인용문은 23쪽.

그 외에 본문에서 인용된 자료는 다음과 같다.

김충열, 『동양사상산고』, 범학사, 1977.

狩野直喜 지음, 오이환 옮김, 『중국 철학사』, 을유문화사, 1986.

심산사상연구회, 『김창숙 문존』, 성균관대학교 출판부, 2001.

이규태, 『선비의 의식 구조』, 신원문화사, 1990.

이광주, 『대학사』, 민음사, 1997.

진정염·임기담 지음, 이성규 옮김, 『중국 대동사상 연구』, 지식산업사, 1990.

R. 뿔리간들라 지음, 이지수 옮김, 『인도 철학』, 민족사, 1991.

Charles F. Thwing 지음, 이형행 옮김, 『대학과 학문』, 연세대학교 출판부, 1979.

정서환, 『세계를 움직이는 미국의 싱크탱크』, 모색, 1998.

조남욱, 『한국 윤리의 검토』, 부산대학교 출판부, 1993.

최근덕, 『우리의 선비는 이렇게 살았다』, 자유문학사, 1999.

최봉영, 『조선 시대 유교 문화』, 사계절출판사, 1997.

來可泓, 『大學直解·中庸直解』』, 復旦大學出版社, 1998.

潮木守一, 『アメカリの大學』, 日本 : 講談社, 1993.

蔡仁厚, 『宋明理學』(南宋篇), 台灣 : 學生書局, 民國 72년.

더 읽을 책들

『大學』(『經書』: 大學·論語·孟子·中庸),
　　성균관대학교 출판부, 2000.

내각(內閣)에서 간행한 주자의 개정본 『大學』(『大學章句』)이다. 『大學章句』의 판본으로는 가장 신뢰성이 높은 판본이다(이 내각본을 번역한 것으로는 성백효 역주, 『대학 집주』(『대학·중용 집주』), 전통문화연구회, 1991년 초판, 2001년 증보판이 가장 널리 읽히는 것으로 보인다. 해설은 없고 단지 한문을 번역만 해놓은 것이며, 뒤에 내각본 원문이 영인되어 실려 있다).

『大學公議』: 『與猶堂全書』第二集 第一卷.

다산 정약용의 저작이다. 다산은 『대학』을 경전으로 간주하지 않는다는 점과 『대학』에 대한 주자의 해석과 양명의 해석을 모두 비판하면서 독자적인 해석을 취한다는 점을 알고서 읽어야 한다(번역본으로는 이을호 역, 『정다산의 대학공의』, 명문당, 1974와 전주대학교 호남학연구소 역, 『국역 여유당전서』 제1권이 있다).

김미영 역, 『대학』(『대학·중용』), 홍익출판사, 1999.

『대학장구』의 체제를 취하되, 원문과 함께 정확한 한국어로 공들여 번역한 역작이다. 특히 한글 세대에게 권장할 만한 번역본이다.

김수길 역, 『대학』, 대유학당, 1999.

『대학장구』의 원문과 주문(注文)을 포함하여 역대 주요 주자학자들이 『대학』에 관하여 논의한 부분들을 원문과 함께 편집하고 번역한 대작이다. 주자학파 내의 관점만을 고수하는 한계가 있긴 하나, 학술적 공헌은 인정되어야 할 것이다.

김석진, 『대산 대학 강의』, 한길사, 2000.

저자는 한학자로서 『대학장구』의 원문과 주문(注文) 모두에 대하여 현토와 음(音)을 달아 번역하고 해설을 덧붙였다. 그 밖에도 20세기의 주자학자로 판단되는 야산 이달 선생의 『대학』 개정본이 소개되어 있고, 뒤에 『대학』의 여러 개정본 원문이 실려 있다.

박완식 편저, 『대학·대학혹문·대학강어』, 이론과 실천, 1993.

주자의 저작인 『대학장구』와 『대학혹문』, 그리고 조일전쟁(임진왜란) 당시 중국의 양명학자와 조선의 주자학자들 간에 이루어진 논의를 정리한 『대학강어(大學講語)』를 번역하고 해설한 것이다.

이가원 감수, 백연욱 외 3인 역해, 『현대역 대학』
　　(『현대역 대학·중용』), 홍신문화사, 1974.

1970년대의 저작임에도 양명학적 입장을 소상히 논급하는 등 시야가 넓으며 해설이 상세하다. 공동 저술의 저력이 보인다.

차상환 역해, 『대학』(『대학·중용』), 한국협동출판공사, 1983.
이동환 역해, 『대학』(『대학·중용』), 삼성문화사, 1985.
이기동 역해, 『대학 강설』(『대학·중용 강설』),
　　성균관대학교 출판부, 1991.

이 세 역해본에는 원문과 주석이 있고, 사상적 배경에 대한 학술적 설명이 깊이 있게 다루어져 있다. 이기동의 서술에는 현대의 시대 상황에 서서 개인적으로 체득한 내용도 포함되어 있어 접근이 용이하다. 이동환의 저술은 2000년에 새로 서문을 달고 중용을 대학 앞으로 옮겨 『중용·대학』으로 펴냈다(나남출판, 2000).

김학주 역주, 『대학』(『대학·중용』), 서울대학교 출판부, 1995.

과감히 『고본대학』을 대본으로 취하였다. 주석에서 필요시 『대학장구』와 관련된 사항을 거론하되 기본적으로 『고본대학』을 취한 점이 이채롭다. 왕양명의 「대학고본서(大學古本序)」와 「대학문(大學問)」이 번역되어 원문과 함께 실려 있다. 철학을 전공한 학자는 아니지만 원로 학자의 넓은 지식을 배경으로 쓰여졌다.

이아무개, 『대학 읽기』(『대학·중용 읽기』), 다산글방, 2000.

기독교 성직자의 입장에서 『대학』 읽기를 시도한 저술이다. 우리가 지금까지 이 책에서 논의해 온 것과는 시각 차이가 많아 상호 대화할 여지가 많다.

김철운, 『유가가 보는 평천하의 세계 —『대학』의 이론 구조와
　　평천하 사상』, 철학과 현실사, 2001.

『대학』을 전문 연구한 국내 소장 학자의 저서로 학술적 공헌도가 높은 역작이다.

신창호, 『대학의 교육론 산책 — 공부의 체계』,
　　내일을 여는 책, 2001.

전통식 교육을 경험한 소장 학자가 주로 현대의 교육학 및 교육철학의 관점에서 『대학』을 조명
한 노작(勞作)이다.

赤塚忠, 『大學』, 新釋漢文大系 2, 明治書院, 昭和 42年.
山下龍二, 『大學』, 全釋漢文大系 3, 集英社, 昭和 49年.

일본 학계의 역량 있는 학자들이 집필한 사실상의 연구 저서다. 둘 다 『고본대학』에 비중을 많이
두면서 이른바 '대학』의 본의'를 추구하다 보니, 한국 및 중국 학계의 학자들에 비해 상대적으로
주자의 개정본 『대학』(『대학장구』)의 해석 입장에 그리 무게를 두지 않는 특색을 보여 준다.

岑溢成, 『大學義理疏解』, 鵝湖出版社, 民國 74年.
李紀祥, 『兩宋以來大學改本之硏究』, 學生書局, 民國 77年.

첫 번째 저술은 문헌 연구 능력과 사상면의 연구 능력을 다 갖춘 학자의 저작으로 귀담아들을
지적이 많고, 두 번째 저술은 『대학』의 판본과 개정본 연구의 필독서다.

Daniel K. Gardner, *Chu Hsi and the Ta-hsueh*,
　　Harvard　University Press, 1986.

주자의 『대학장구』와 관련된 내용을 체계적으로 정리한 연구 저서로, 저자에 의한 영역문이 실
려 있다.

윌리엄 시어도어 드 배리 지음, 한평수 옮김, 『동아시아 문명』,
　　실천문학사, 2001.

『대학』에 대한 논의는 극히 제한적이지만, 이에 관계없이 신유학의 세계관이 작동하던 시대를
현대의 관점에서 조명하고자 한다면 꼭 읽어야 할 저술서다.

찾 아 보 기

오늘 고전을 읽는다 ❷

대학 — 진보의 동아시아적 의미

2002년 12월 19일 1판 1쇄

지은이 : 김기현

편집위원 : 신규탁 · 심경호 · 이성규 · 이승환 · 최진석

기획 · 편집 : 류형식 · 강현주

디자인 : 김수미

마케팅 : 정한성

제작 : 박찬수

출력 : 한국커뮤니케이션

인쇄 : 대원인쇄

제책 : 명지문화

펴낸이 : 강맑실

펴낸곳 : (주)사계절출판사

등록 : 제8-48호

주소 : (110-062) 서울시 종로구 신문로 2가 1-181

전화 : (02)736-9380(대표) | 팩스 : (02)737-8595

전자우편 : skj@sakyejul.co.kr | 홈페이지 : www.sakyejul.co.kr

ISBN 89-7196-926-1 03140